6ステップで職場が変わる！

業務改善ハンドブック

日本能率協会コンサルティング =著

日本能率協会マネジメントセンター

ダウンロードサービスについて
本書の特典として、業務改革・業務改善に役立つフォーマット※が、下記のサイトよりダウンロードできます。

http://www.jmam.co.jp/pub/5928.html
パスワード：kaizen5928
※9〜11頁の図表一覧頁を参照してください。

はじめに

　ここ2、3年、私達コンサルティング企業に対する、業務改革支援の要請が増えています。これまで同様の業務改革や業務改善の推進支援の話もありますが、基幹のシステム更新に基づく業務の再見直しの要請や、管理部門業務のBPOの推進支援、新しい働き方に向けた、働き方環境の見直しの推進など、従来よりもその内容が多様化している印象があります。
　その背景には、一体どんな状況があるのでしょうか？
　よくよく話を伺って状況を分析していくと、そこからは、現代のオフィスワークの職場が置かれている非常に厳しい現状が見えてきます。
　残業時間削減や働きやすい会社を強く求める動きが大きくなる一方で、仕事の内容は高度化を求められる環境にあります。しかも、現業系の部門の改善はそれなりに進んでおり、残されたのは本社のみというケースもよく聞く話です。

　これらの状況を打破し、これからの時代の本社のあり方に対応していくためには、システムの見直しも含めた仕事そのものの見直しだけでなく、働き方の見直しもセットで推進支援することが求められています。
　部門単位での業務改善活動や会社全体としての業務改革活動の推進だけでなく、併せて日々の部門マネジメントを見直し、会社にとってもそこで働く人達にとっても、よい職場環境作りを推進しなければ、企業のオフィスワークの職場の実態は変わらないのです。

　一方で、従来通りの業務改革や業務改善（本書では、部門をまたぐ活動を業務改革、部門内完結の活動を業務改善と呼びます）はそれなりにやってきたつもりだけど、それだけでは会社が変わらないと認識している業務改革推進部門の方々も増えています。また、単に短時間勤務や在宅勤務などの制度を導入したり、オフィス環境を変えたりしているだけでは運用が伴わず、手詰まり感を感じている人事部門の方もいらっしゃいます。
　これからの少子高齢化時代の本格化に向けて、企業は「真のダイバーシテ

ィ経営」を推進していかなければなりません。そこで求められるのは、成長戦略の実現と生産性の向上です。そのためには、「働きがいを感じられる仕事環境（仕事の面白さ）」と「助け合える職場」を作っていかなければなりません。その両面を実現しながらきちんとしたマネジメントを行うことで、社員の役割変革と成長促進が実現できるのです。

　つまり、今、この時代に求められる業務改善・改革活動は、仕事そのものの見直しと働き方の見直しを総合的に取り入れたオフィスの働き方の改善だということです。

　本書では、これからの時代に求められる業務改革プロジェクト推進のポイントをステップに合わせて整理しています。本書にまとめた内容は、さまざまな会社で実務的な支援をしている中で私達が導入してきたノウハウをまとめたものです。

　さらに、大きな業務改革活動から部門単位での業務改善活動まで、それぞれ進めていく上での留意点を余すことなく説明しています。

　本書が、１人でも多くの業務改革活動の推進部門や業務改善推進の担当者の皆さんの活動推進の一助となれば幸いです。

　２０１６年７月

　　　　　　　　　　　　　　　　　　　　　　　　　　　　　著者一同

[6ステップで職場が変わる！
業務改善ハンドブック　目次]

はじめに ………………………………………………………………………… 3

Step0 ■ なぜ業務改革・改善が必要なのか？

1 あなたの職場に業務改善が求められるわけ ……………………………… 12
2 オフィスワークの職場の特性 ……………………………………………… 16
業務改革・改善診断 …………………………………………………………… 22
 Column 製造業が陥りがちな改善活動の形骸化 ………………………… 24

Step1 ■ 業務改革・改善企画を立てる

1 業務改革・改善のねらいを明確にする …………………………………… 26
2 業務改革の2つのアプローチ ……………………………………………… 30
3 プロジェクトの体制を設定する …………………………………………… 37
4 プロジェクトの目標を設定する …………………………………………… 41
5 基本方向性を設定する ……………………………………………………… 46
6 プロジェクトの全体計画を策定する ……………………………………… 50

Step2 ■ 業務を見える化する

Ⅰ. 業務プロセス改善

1 業務項目の見える化……………………………………………… 56
2 業務量の見える化①業務量調査………………………………… 63
　Column　目標水準はどれくらいが適正か？…………………… 72
3 業務量の見える化②ＡＢＣ分析………………………………… 73
4 業務量の見える化③ワークサンプリング……………………… 76
5 業務量の見える化④タイムスタディー………………………… 80
6 業務分担の見える化……………………………………………… 82
7 部門間の機能重複の見える化…………………………………… 86
8 部門の業務特性の見える化……………………………………… 93
9 スキルの見える化………………………………………………… 99
10 成果物の見える化………………………………………………102
11 品質不具合の見える化…………………………………………105
12 業務の流れの見える化…………………………………………108
　Column　帳票の流れを中心に業務フローを描くプロセスチャート……112
13 詳細プロセスの見える化………………………………………117
14 業務実施満足度の見える化……………………………………122

Ⅱ. ワークスタイル改善

15 就業時間や残業の見える化……………………………………124
16 仕事の中味の見える化…………………………………………130
17 仕事発生時間の見える化………………………………………135
18 予定実績の見える化……………………………………………139

Step3 ■ 改革・改善の基本方向を決める

Ⅰ．業務プロセス改善

1. そもそも問題とは何か？ …………………………………………146
2. 「よりよい問題点」にするためのポイント ………………………151
3. 改革・改善対象の重点化 …………………………………………157
4. 改善視点ＥＣＲＳ …………………………………………………159
5. 改善の8視点 ………………………………………………………161
6. 業務特性別の改善視点 ……………………………………………165
7. ムダの見える化 ……………………………………………………169

Ⅱ．ワークスタイル改善

8. 働き方・ありたい姿の設定 ………………………………………176
9. 働き方の課題の発見と構造化 ……………………………………180
10. ワークスタイル改善の方向とフレーム …………………………184

Step4 ■ 改善具体案を検討する

Ⅰ．業務プロセス改善

1. 業務プロセス改善とは ……………………………………………188
2. 業務の有効性評価による改善 ……………………………………189
3. ＩＣＯＭ定義による改善 …………………………………………190
4. 帳票の改善 …………………………………………………………192
5. 業務分担の見直し …………………………………………………194
6. 業務実施タイミングの集中・分散 ………………………………197
7. 業務の標準化 ………………………………………………………198
8. スキルの向上 ………………………………………………………201

| 9 | 品質不具合の改善 …………………………………………… 203
| 10 | アウトソーシング …………………………………………… 205

Ⅱ．ワークスタイル改善

| 11 | 会議の見直し ……………………………………………… 208
| 12 | メールの見直し …………………………………………… 218
| 13 | 対面コミュニケーションの見直し ……………………… 222
| 14 | マルチ化・助け合い・応受援 …………………………… 228
| 15 | オフィス環境を変える施策 ……………………………… 234
| Column | 選ぶべきツールはアナログ？ デジタル？ …………… 240

Step5 ■ 改善を実行する

| 1 | 改善の壁と進めるポイント ……………………………… 242
| 2 | 全社を巻き込むポイント ………………………………… 247
| 3 | 現場の意識を高める ……………………………………… 252
| 4 | マネジャーのあるべき姿とは …………………………… 256
| Column | 助け合える職場を作る小さな工夫 …………………… 258

Step6 ■ 活動のモニタリングとアクション

| 1 | 推進状況を管理する ……………………………………… 260
| 2 | 進捗が遅れた場合のアクション ………………………… 262
| 3 | 成果のモニタリング ……………………………………… 264
| 4 | 自立的な改革・改善を進められる組織にするために … 270
| 5 | 組織的に業務改革を継続させる5つのメカニズム …… 273

あとがき ……………………………………………………………… 276

図表一覧

★印の付いたフォーマットはダウンロードサービスがご利用いただけます。

Step0
図表0-1	業務改革活動の目的	15
図表0-2	業務改革活動で重視しているプロセス	15
図表0-3	オフィスワークの仕事の特徴	17
図表0-4	製造現場とオフィスワークの職場の業務の標準化度合いの違い	18
図表0-5	製造現場とオフィスワークの職場の業務マネジメントの違い	19
図表0-6	よくある「ムダだらけの職場」の風景	20

●業務改革・業務改善診断 ─── 22

Step1
図表1-1	業務改革のねらい	28
図表1-2	改革範囲の設定の考え方	29
図表1-3	業務改革の2つのアプローチ	31
図表1-4	企業文化、企業風土とは	33
図表1-5	仕事の見直しの概略手順	34
図表1-6	効率的な働き方を阻害する4つの制約条件	36
図表1-7	業務改革プロジェクトの推進体制設定例	38
図表1-8	目標の設定方法	41
図表1-9	問題の設定	42
図表1-10	目標の構成要素	43
図表1-11	面積目標と高さ目標	44
図表1-12	指標を設定しにくい場合の設定方法	45
図表1-13	改革方向の設定例	47
図表1-14	業務改革の方向	48
図表1-15	業務改革の8つの視点	48
図表1-16	基本計画の例	50
図表1-17	大・中・小日程の意義	54

Step2
★図表2-1	業務体系表フォーマット	57
図表2-2	業務分類の概念(人事部の例)	58
図表2-3	業務体系表の例	61, 62
★図表2-4	業務量調査票(時間積上げ型:平均値を直接設定する場合の例)	66
図表2-5	3点見積り法の考え方	67
★図表2-6	業務量調査票(時間積上げ型:3点見積り法の例)	68
図表2-7	業務量調査票(時間比率型)	69
図表2-8	業務量調査票(時間積上げ型)の記入例	70
図表2-9	ABC分析フォーマットの例	74
図表2-10	ABC分析グラフ	75
図表2-11	観測数の決め方	77
★図表2-12	観測フォーマットの例	78
図表2-13	ワークサンプリング観測結果の例	79
★図表2-14	業務分担表の例	83
図表2-15	業務マップの例	83
図表2-16	業務マップの6つの見方	85
図表2-17	機能ポジショニングマップの例	87
図表2-18	代表的な事業プロセス	88
図表2-19	本社の機能構成	88
図表2-20	本社機能定義の例	89
図表2-21	機能ポジショニングマップ分析例	90
図表2-22	機能ポジショニングマップ分析例(業務量)	92
図表2-23	業務タイプによる業務特性区分	95
図表2-24	依頼元による業務特性区分	95
図表2-25	発生頻度による業務特性区分	96
図表2-26	意思決定者による業務特性区分	96
図表2-27	業務量の変動性による業務特性区分	97
図表2-28	業務体系表における業務特性区分の設定例	97
図表2-29	業務特性区分ごとの業務量集計例	98
図表2-30	業務スキル表(○付け版)の例	99
図表2-31	業務スキル設定の考え方	100
★図表2-32	業務スキル表(スキルレベル版)の例	101
★図表2-33	成果物の見える化の例	103
図表2-34	書類の活用度の把握例	104
★図表2-35	品質不具合管理表の例	106
図表2-36	品質不具合の簡易な記録例(正の字)	107
図表2-37	推奨する業務フローの使用記号	108
図表2-38	業務フロー記載例	109
図表2-39	業務フローを描く際の基本ルール	111
図表2-40	プロセスチャートの使用記号(JMA方式)	113
図表2-41	プロセスチャートの記載例	114
図表2-42	プロセスチャートの作成ルール	115
図表2-43	プロセスチャートの読み方	116
★図表2-44	詳細プロセスの見える化フォーマット	118
図表2-45	詳細プロセスの見える化例	120
図表2-46	部門長による業務実施満足度の整理例	122

図表2−47	業務サービスニーズ度および投入コストの整理例 ——— 123
★図表2−48	就業時間・残業時間のバラつきの見える化フォーマット ——— 126
図表2−49	上司と部下の働き方プロット図 128
★図表2−50	仕事の種類別構成比フォーマット ——— 132
図表2−51	仕事の構成比まとめ結果の例 — 133
★図表2−52	仕事の目的別時間の使い方確認フォーマット ——— 134
図表2−53	日中の改善の考え方、朝・夕方・夜時間帯の改善の考え方 ——— 136
★図表2−54	業務発生時間帯調査フォーマット ——— 137
図表2−55	業務発生時間帯調査まとめの例 138
★図表2−56	予定実績の記録用フォーマット① ——— 143
★図表2−57	予定実績の記録用フォーマット② ——— 144

Step3

図表3−1	問題とは ——— 147
図表3−2	あるべき姿を描く視点 ——— 149
図表3−3	問題の設定の仕方で解決策も変わる ——— 150
図表3−4	定量的に問題点を表現する ——— 152
図表3−5	5W1H1Vで具体的に問題を表現する ——— 153
図表3−6	「なぜなぜ」による問題点の原因（深層問題点）分析 ——— 154
図表3−7	"悪い"問題表現の例 ——— 156
図表3−8	改革・改善対象選定の考え方 ——— 158
図表3−9	改善発想方法ECRS ——— 160
図表3−10	改善の8視点①業務改革5つの視点 ——— 163
図表3−11	改善の8視点②働き方改革3つの視点 ——— 164
図表3−12	業務特性別の改善視点 ——— 168
図表3−13	業務プロセスに発生するMPUロス ——— 169
図表3−14	職場に潜在化するロスの構造 — 171
図表3−15	M面ロスの定量化の考え方 ——— 172
図表3−16	P面ロスの定量化の考え方 ——— 174
図表3−17	U面ロスの定量化の考え方 ——— 175
図表3−18	型作りのための3つの課題領域 176
図表3−19	フォアキャスティングとバックキャスティング ——— 179
図表3−20	マインドマップの例 ——— 183
★図表3−21	職場タイプと取り組み方向でのテーマ整理のフォーマット ——— 186

Step4

図表4−1	ICOMとは ——— 191
図表4−2	帳票の改善着眼視点 ——— 193
図表4−3	帳票関連図の例 ——— 193
図表4−4	第三者によるチェック方法 ——— 199
図表4−5	ペアによるチェック方法 ——— 200
図表4−6	教育計画の例 ——— 202
★図表4−7	会議調査票の例 ——— 211
図表4−8	会議でよくある残念な現象 ——— 211
図表4−9	課題管理表フォーマット ——— 213
★図表4−10	会議フィードバックシートの例 215
図表4−11	ホワイトボードの使い方イメージ ——— 217
★図表4−12	業務複数担当検討表フォーマット ——— 230
図表4−13	オフィス内のコミュニケーションの各ステージ ——— 239

Step5

★図表5−1	改善基本構想書の例 ——— 243
図表5−2	変化に抵抗する様々な壁への対応 245
図表5−3	制約条件への対応のポイント ——— 246
図表5−4	プロジェクトを成功させるために実現できた項目 ——— 248
図表5−5	業務改革プロジェクトの反省点 — 249
図表5−6	全社マネジメントのためのツール 251
図表5−7	マネジメントに必要な要素 ——— 253
図表5−8	意識改革に有効なアクション例 ——— 254
図表5−9	意識改革（チェンジマネジメント）を進めるための活動 ——— 255
図表5−10	コミュニケーションのねらいと例 ——— 257

Step6

図表6−1	進捗管理の基本ステップとミーティング ——— 261
図表6−2	どんなアクションをとらなければいけないか ——— 262
図表6−3	KPI、PDの展開例 ——— 266
図表6−4	指標が多すぎると… ——— 267
図表6−5	成果管理のレベル ——— 268
図表6−6	管理指標の管理方法 ——— 269
図表6−7	自立的な改善・改革実行の仕組み 272
図表6−8	改革活動を継続させるメカニズム（BICYCLEモデル） ——— 273
図表6−9	改革推進組織の編制イメージ ——— 275

Step 0

なぜ業務改革・改善が必要なのか？

1

あなたの職場に業務改善が求められるわけ

■日本の会社はなぜ労働生産性が低いのか？

「あなたの職場は労働生産性が低い」

そう言われたら、誰だっていい気分はしないでしょう。「毎日こんなに必死に働いているのに。何かの間違いではないか？」そう思うはずです。しかし、残念ながら、日本の労働生産性は低く、1993年以降ずっとOECD加盟国の中で20位以下で推移しているのが現実です。

では、なぜそんなことが起きてしまうのでしょうか？

この原因の1つとして考えられているのが、労働時間の長さです。バブル期以降、日本においてもパートタイムをはじめとする非正規の従業員の比率は一貫して上がっており、2014年度では1／3程度になっています。その結果、全体の1人あたり総実労働時間は徐々に短くなってきており、1995年の1,900時間強から1,750時間程度になっているのですが、正社員の労働時間は、ずっと2,000時間を越えていて、ほとんど変化がありません。

定時で帰ることが可能な非正規社員と、残業前提で働く正社員が混在しているのが今の日本の会社なのです。

その間、PCの導入が一般的になり、メールシステムや基幹システム、電子ワークフローなど、ITの活用はあたりまえになってきています。ITが導入され、以前よりはエクセレントな業務になっているはずなのに、職場の状況はあまり変わっていません。一体なぜでしょうか？

じつは、これらの謎を読み解く鍵は、デスクワーク中心の本社の仕事、ホワイトカラーと言われるオフィスワーカーの職場の仕事そのもの、働き方にあります。

そして、今、その状況を大きく変えることが求められているのです。

■本社や事務部門で、今、何が起きているのか？

　労働生産性の回復が重要だということはみなさんも実感としてご理解いただけるでしょう。ですが、企業が環境の変化に柔軟に対応し、今後勝ち残っていく上でも、じつは仕事や働き方の見直し、つまり業務改革・改善は避けて通れません。近年、日本の本社や事務遂行部門の環境は大きく変化しようとしています。その大事なポイントを3点紹介しましょう。

①労働時間が企業の採用競争力のカギに
　女性活躍推進法が施行され、労働時間の状況の報告義務が生じています。採用においても、残業時間の多さや有給休暇の取得率は就職活動をする学生達の大きな関心事であり、労働時間が適正かどうかは企業の採用競争力上の大きなポイントとなるでしょう。

②派遣法の改正
　もう1つのポイントは、派遣法の改正による、派遣社員の派遣期間の規制の導入です。派遣就業は臨時的、一次的なものという原則が明確になり、これまで専門26職種であれば期間制限がなかったものが、どの職種においても同一部門（課）での同一の人材の受け入れは3年が上限となりました。これにより、同じ人が派遣社員として長期間同一業務を行うことができなくなりました。そうなると、3年ごとに人を変えてその都度習熟度がゼロの状態から始めてもらうか、社員として受け入れるかの判断が求められるようになってきています。

③働く人材、働き方の多様化
　上記のような環境変化に加え、職場にはシニア社員や、契約社員、パート社員など有期雇用前提の人材が混在している状況があたりまえになっています。さらに、短時間勤務の導入や在宅勤務の導入などの様々な働き方を支援する制度の導入も進んでいます。

■業務の標準化が求められている

　このような状況下で企業は、様々な人の、働き方も含めた多様性の確保も

意識しながら、短い就業時間の中で今まで以上のアウトプットを実現できる職場を作っていかなければなりません。

　そこで重要になってくるのが、業務（1つひとつの仕事の構成要素）の標準化です。業務の目的を明確にして、その手順を洗い出した上で容易にできるよう改善するのです。さらにそのやり方を標準方法として、必要に応じてマニュアルや手順書を作成するなど、人が入れ替わる前提での対応が一層求められることになります。

　多くの場合、部門内の主要な業務はすでにシステム化が進み、システムに手を入れないと改善がしにくい状況にあります。一方でその他の仕事では、現場の担当者が表計算ソフトなどを駆使して行っている場合も多いのではないでしょうか。実際の仕事のやり方を「現場」に任せているケースも多く、マニュアルや手順書はなく、個人の頭の中にノウハウが存在していたり、あっても業務別の作成レベルがばらついている職場も多いのが実態です。

　このような状況を打破していくためにも、従来以上に業務改革・改善の必要性が高まっています。

　さらには、在宅勤務などテレワーク化が進む中で、様々なメンバーが働いている職場においてその標準化した業務をどのメンバーに担ってもらうのか、各人の状況に応じてどう業務量を再配分や応受援するかにも配慮が求められています。それぞれが抱えるタスクの状況や予定、進捗状況の見える化を図るなど、部門のマネジメントを強化するための全社の「働き方の見直し」活動の必要性も高まっているのです。

　日本能率協会コンサルティング（JMAC）が、定期的に実施している、業務の抜本的改革（Business Process Re-engineering、以下、BPR）についての調査でも、主要な目的が、「生産コストの大幅削減」から、「販売・一般管理費コストの大幅削減」に移りつつあり、結果として対象プロセスも「管理間接プロセス」が最も多いことがわかります（図表0-1,2）。

Step 0 なぜ業務改革・改善が必要なのか？

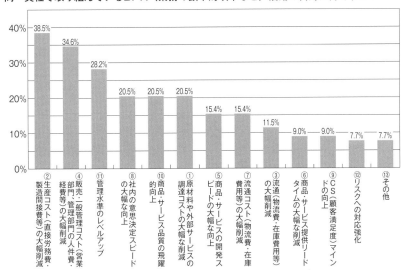

図表 0-1　業務改革活動の目的

問　貴社で取り組んでいるBPR（業務の抜本的改革など）活動の目的は何ですか？

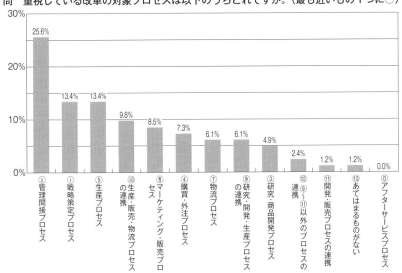

図表 0-2　業務改革活動で重視しているプロセス

問　重視している改革の対象プロセスは以下のうちどれですか。（最も近いもの1つに○）

日本能率協会コンサルティング「2014年BPR実態調査結果」より

2

オフィスワークの職場の特性

■オフィスワーカーの仕事は「見えにくい」

　一般的にホワイトカラーと言われるオフィスワーカーの職場は、製造現場とは違って、仕事の対象や内容、成果が「見えにくい」ことが大きな特徴です。

　製造現場では、生産している製品や作業内容が目に見えるため現場の管理がしやすく、成果物（生産量や品質のレベルなど）のアウトプットレベルについても、基準が明確に設定されています。また、そのような特性があるので、生産性改善などに注力している会社も多く、改善専門部署なども設置されています。

　一方、本社を中心とするオフィスワークの現場はデスクワークが中心で、机に座って忙しそうにパソコンを打っていたり、電話をかけていたりといった状況は見えるものの、実際にどんな仕事をしているのかが外からはっきりとは見えません。その要因は、製造工程とは違って、目には見えない情報を入手加工し、付加価値を加えて新たに情報を生成していく業務の特性にあるのです。

　また、仕事の複雑性においても、製造現場とは違った特徴が見られます。例えば、オフィス部門の仕事には、日々や月次などのタイミングごとに定期的に発生する依頼書や伝票を処理するような、いわゆるルーティン業務もあれば、法制の変更や会社としての新たな課題に対応するための業務も発生しています。多くの場合、各担当者の仕事の中には、これらの業務が混在しています。

　さらには、会社の司令塔的な役割を担っていることも多く、各部門への依

頼や調整、取りまとめを行う仕事も多く存在します。

このような特性もあって、部門の管理者も担当者の業務状況を把握できておらず、仕事のやり方や進め方が担当者任せになっている企業が少なくありません。その結果、担当者のスキルレベルや意欲によって、パフォーマンスが大きく異なるケースも多いのが実態です。

図表 0-3　オフィスワークの仕事の特徴

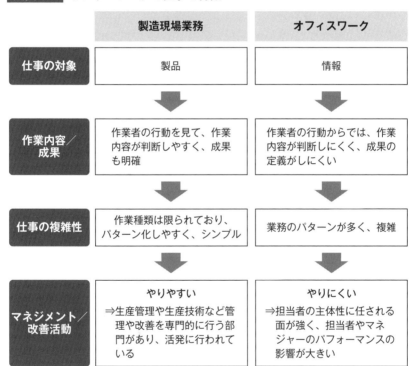

■標準化についての違い

もう少し具体的に製造現場と比較をしてみると、さらにいくつかの違いが見えてきます。

1つめは、標準的な業務手順が設定されているかどうかです。製造現場では、製造作業がコストであるという点も明確なので、新製品の生産を開始す

る段階で専門部隊が検討した作業手順が設定されており、その手順を守って仕事をするのが一般的です。また、その手順も、実態を見ながら指導にもとづいて、日々改善されていきます。

　一方、オフィスワークの職場では、新しい仕事が発生する際にアウトプットや納期の確認などは提示されるものの、方法や手順については担当者が試行錯誤しながら設定することの方が多く、仕事を進めることに追われ、大半は手順を書き残すこともないままになっているはずです。

　一般的に、集中事務センターなど同一作業を多くの人がこなすような職場以外では、システムの導入検討時を除いて、作業手順が明示されないことが多いものです。

　また、手順が決まっていないこともあり、それぞれの業務を処理する目安時間（標準時間）もほとんど設定されていません。

図表 0-4 製造現場とオフィスワークの職場の業務の標準化度合いの違い

製造現場のよい職場の例	一般的なオフィス職場の状況
標準手順の設計 ・生産技術、製造技術といった専門部門の人が、どのような設備を使って、どのような手順で行うことが最適かを検討し、標準手順を定める。	**標準手順の設計** ・業務システムの導入・更新時などに業務手順を設計するが、製造部門と比較すると粗い。
標準時間の設定 ・標準手順から標準時間を定めている。	**標準時間の設定** ・標準時間を定めている職場は少ない。
標準手順のレベルアップ ・日頃から改善活動を行い、現場で気づいた問題点の解決やさらによくするための対策がなされている。	**標準手順のレベルアップ** ・担当者が個人的に改善をする場合がある程度。

■マネジメントの状況の違い

　2つめは、職場のマネジメントの状況です。先ほどお伝えした通り、標準

手順や標準時間が設定されていることが多い製造職場では、標準時間に基づいて日々の計画が作られています。この計画は日々の出荷計画とも連動しており、計画通りに作らなければ、納期遅れや欠品につながってしまいます。そのため、現場の標準時間を考慮しつつ専門部隊によって計画が作成されていますし、現場でも、日々、標準時間通り、計画通りに進んでいるのかを確認しています。また、その管理の指標も、スピードや生産量だけでなく、不良（品質）や納期遅れの件数まで日々見えるようになっている会社が多いでしょう。

一方、オフィスワークの職場では日々の業務計画は設定されていないか、個人に任されているケースのほうが多いのではないでしょうか。少なくともオフィス業務で計画専門部隊を設置している会社は一般的ではありません。管理の方法も、日々の仕事の進捗状況を管理できていないため、人事上の目標管理制度と絡めた管理指標を設定して、四半期や半期単位で評価をするのが一般的です。

図表 0-5 製造現場とオフィスワークの職場の業務マネジメントの違い

製造現場のよい職場の例	一般的なオフィスワークの職場の状況
標準手順・標準時間の活用 ・生産管理といった専門部門の人が、標準時間を活用し、全体最適を目指した生産計画を策定している。 ・個人ごとに手順書通りの作業を行っているかを管理し、誰もが標準時間で作業できるように指導している。	標準手順・標準時間の活用 ・標準時間がなく、業務の計画をしている職場は少ない。 ・標準手順が守れるように日頃から指導する職場は少ない。
管理指標によるマネジメント ・生産性、品質、歩留りなどの管理指標が整備され、ラインごとに日々の実績が集計されている。 ・マネジャーはその改善のために部門全体で精一杯取り組んでいる。	管理指標によるマネジメント ・職場・職種に応じた管理指標は設定されているが四半期や半期程度の実績集計が一般的で、短サイクルでのPDCAが回っていない。 ・日々の業務に追われ、実質的に管理指標改善のための活動を行えている職場は少ない。

結果として、オフィスワークの職場では、図表0-6のような様々なムダが発生してしまうのです。

図表 0-6 よくある「ムダだらけの職場」の風景

それでは、いよいよ本書の本題である具体的な業務改革・改善の進め方を説明していきましょう。本書は、順番に読んで改革や改善の流れを把握することもできますし、一方で、自社、自部門の業務改革・業務改善の状況を把握して、それに応じた段階の対策について読み進めることもできます。
 まずは次頁の自己診断に進んで、自社、自部門の状況をチェックしてみましょう。

業務改革・改善診断

以下に3つの質問を用意しました。順番に答えて、自社や自部門に合った業務改革・改善のステップに進みましょう。

質問1 あなたの会社の状況はどれに該当しますか？
　①業務改革・改善に取り組みたいが、まったく初めてである。➡**質問2**に
　②過去に取り組んだことがあるまたは、現在取り組んでいる。➡**質問3**に

質問2 次のどの進め方に興味がありますか？
　①仕事そのものを見直して楽にしたい
　　➡Step1から順番に読みましょう。
　　　Step2～Step4は「Ⅰ　業務プロセス改善」を読みましょう。
　②働き方など会社のルールを見直して楽にしたい
　　➡Step1から順番に読みましょう。
　　　Step2～Step4は「Ⅱ　ワークスタイル改善」を読みましょう。
　③両方ともに興味がある
　　➡Step1から順番に読みましょう。

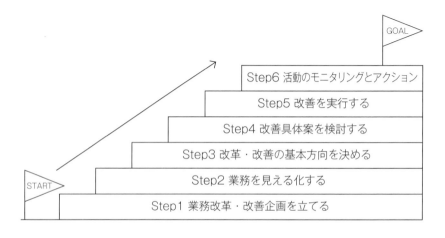

質問3 現在（過去）の活動でうまく行かないのは以下のどれに該当しますか？（複数回答可）

- ☐ プロジェクトの体制作りがうまくいかない
  （どんな人を巻き込めばよいかわからない）。
- ☐ 活動の目的や目標がうまく設定できていない。
- ☐ 活動をしている途中で目的を見失ってしまった。
  ➡ Step 0、Step 1 を読みましょう。

- ☐ 何を改善すればよいのかわからない。
- ☐ 担当者間や部門間の業務分担がうまくいっていない気がする
  （自分がやるべき仕事ではない仕事をたくさん持っている気がする）。
- ☐ 部門間に重複業務がありそうだ。
- ☐ ミスが多い。
- ☐ どこまで時間をかければよいのかわからない仕事がある
  （タイムマネジメントが上手でない気がする）。
- ☐ 会議やメールがやたらと多い。
  ➡ 1つでも思いあたれば、Step 2、3、4を読みましょう。
     興味がある見方・分析方法・改善の考え方が見つけられるはずです。

- ☐ 改善案の実施段階でうまく進まない。
- ☐ メンバーや他部門の人が協力してくれない。
- ☐ 現場がやる気になってくれない。
- ☐ マネジャーが頼りない気がする。
  ➡ 1つでも思いあたれば、Step 5を読みましょう。

- ☐ 活動の進捗管理をうまくやりたい。
- ☐ 今後も改善が続く組織にしていきたい。
  ➡ Step 6を読んでみましょう。

いくつもチェックマークが付いてしまった！
  ➡ 順番に、一通り読んでみてください。

Column
製造業が陥りがちな改善活動の形骸化

　ある地方の中堅製造業では、現場主体の小集団改善活動を積極的に進め、「からくり改善」等で製造ライン効率化、生産性向上成果を実現してきました。ところが、この製造現場で活用した改善ノウハウを管理間接部門へ適応させようとしたところで問題が発生します。

　思ったような成果が上がらないのです。部門メンバーは取り組み方、効果に疑問を持ちつつもそれに代わる方法もなく、「致し方なし」と取り組んでいたようですが、次第に活動は形骸化していってしまいました。

　一体、なぜうまくいかなかったのでしょうか？　それは製造ラインの仕事の特性と、いまどきの管理間接部門の仕事の特性が大きく異なっているからです。

　製造ラインの仕事は「完成品・成果物につなげる仕様」が明確です。そもそも明確になっていないと製品の量産はできません。また一工場が扱う製品数も業界によって多い・少ないは異なるものの、必然的に限られます。

　ところが、一方の管理間接部門、とりわけ処理的な仕事ではない、企画的な仕事（課題対応業務）は、「考えるための情報が定まらない」「完成品・成果物を製品のように緻密に規定できない」特性があり、手順は一定化しません。また扱う課題・情報種類も多岐にわたります。したがって製造ラインのような繰り返し性の高い作業に適した改善方法をそのまま適応することは極めて難しいのです。

　特に製造業の場合、製造ラインの現場改善での成功体験が大きく、それが競争力の源泉である事実もあり、管理間接部門特有の改善方法に着手するきっかけがない、なかなか取り組めない実態があります。改善対象部門が、このような「既存の改善のやり方・切り口」を疑う発想を持つことも、業務改革・改善に向けての大きな課題と言えるでしょう。

Step 1

業務改革・改善
企画を立てる

業務改革・改善のねらいを明確にする

■方針を会社と社員の両方の目線で整理する

　業務改革・改善活動のスタートは、活動目的の設定です。活動がうまくいっていない会社では、目的がきちんと定義されないまま動き出してしまったために、活動途中で混乱して立ち往生しているケースが見られます。

　業務改革・改善活動が立ち上がる背景には、競争力強化など、会社としての方針があります。一例を挙げると次のようなものです。

・世界最高レベルのコスト水準を目指したい
・ライバル企業並みの人数規模にしたい
・経営課題解決のスピードアップをしたい
・新たな経営課題に対応できるようにしたい
・退職者が出ないように残業や長時間労働を抑制したい
・働きやすい職場にして採用競争力を高めたい
・改善活動を通して社員の成長を促したい
・今よりも負担感の少ない仕事にしたい

　これらは、「会社目線」と「社員目線」の両方の視点で求められることを整理しましょう。

・この間接コスト水準にならなければ、ライバルA社に利益率で勝てず、将来に向けた投資も増やせない。ジリ貧になってしまう。
・そのコスト水準を目指すためには、大幅な業務量の削減と併せて、業務単価の見直しをする必要もある。業務は根本的に必要性を確認して大幅

な削減を目指す。一方必要な仕事については、正社員、契約社員それぞれにふさわしい仕事を用意し、役割分担をしていく。
・単なる役割見直しや多少の業務量削減にとどまらず、標準化して応受援ができるようにすることで、勤務時間の短縮だけでなく、いざというときに帰りやすい、休みやすい職場を実現し、多様な社員の働き方に応えられるようにする。

こういった具合に、何を目指してどのように進めていくのかを整理をしておくと、活動目的を説明する際にも有効です。

■直接的なねらい、間接的なねらい

方針が定まったら、それをを受けて、業務改革・改善活動のねらいを設定します。一般的には、直接的なねらいは以下の3つが中心です。

①スリム化（効率化・コストダウン）

残業の削減、業務工数の削減、人数の削減など、効率やコストの低減を目指した活動。

②ストロング化（強化）

業務品質の向上（ミスの削減など）、本来やりたいけれどできていない業務の実施、今後求められる業務を先行実施するなど、部門機能の拡大を目指した活動。

③スピードアップ

商品開発や企業の意思決定のスピード向上などを目指し、業務成果や事業成果の実現を早期化する活動。

活動背景と自社の状況を踏まえながら、この3つのいずれに取り組むのか、同時に取り組むのか、同時取り組みの場合にはどのような順番で取り組んでいくのかを考えておく必要があります。

人が余り気味の職場以外では、まずはスリム化をした上で、浮いた工数をストロング化やスピードアップをねらった活動に向けていくのが定石です。

また、業務改革プロジェクトを推進する上での間接的なねらいについても

整理しておくとよいでしょう。それは業務改革活動そのものを進める際の方針や、活動を通して実現したいことと言い換えられます。例えば、
- ・スピード重視でトップダウン型で推進する
- ・中核人材にプロジェクトを任せて経験を積ませる
- ・全員参加で推進する
- ・活動を通じて人材育成を図る

といったものです。

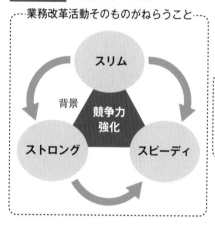

図表 1-1 業務改革のねらい

■メンバーの巻き込みと納得のためにも必要

　方針やねらいを事前に整理し、きちんと説明できるようにしておくことは、プロジェクトがうまくいくかどうかにも関わってきます。

　業務改革・改善プロジェクトは、多くの部門やメンバーを巻き込む活動です。それを円滑に進めるためには、活動の必要性、ねらうところをきちんと説明し、納得を得ておくことが重要になるからです。

　誰しも現状を変えることには漠然とした不安があり、消極的なことも多いものです。また、総論では賛成しつつも、自部門のこととなると難色を示し、反対の立場に立つケースもよくあります。

それらに備えるために、「なぜ改革が必要なのか？（やらなければどうなるのか）」「活動を進めるとどんなよいことがあるのか」「プロジェクトメンバーに選ばれるとどんなメリットがあるのか」といった点をシナリオで説明できるようにしておきましょう。

　先述の通り、現代においては労働時間に配慮しているかどうかが企業の働きやすさのランキングや採用の競争力に直結することも否めません。したがって、業務改革・改善活動を、個人の自己成長や健康増進、家族サービスレベルの向上を目指して労働時間を適正化するための活動と位置付けた取り組みも増えています。それを主目的としなくても、1つのサブ目的と位置付けることで、社員の協力が得やすくなったり、プロジェクトメンバーの意欲を引き出すための1つの方策になったりもします。

　また、仕事を見直して業務工数を削減するだけではなく、マルチ化を推進しつつ、短時間勤務や在宅勤務の導入など様々な勤務制度の導入活動と結び付けて、様々な雇用形態に対応できる会社にしていくことも有効です。

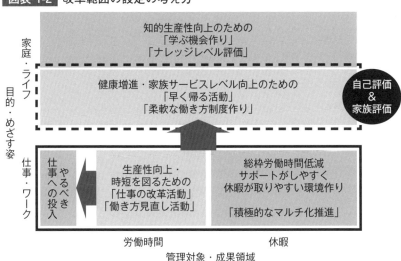

図表 1-2　改革範囲の設定の考え方

業務改革の2つのアプローチ

■仕事の見直しと、仕事のルールの見直し

　業務改革を進めるには大きく2つの進め方があります。1つは、仕事そのものの見直し活動です。

　業務を1つひとつ棚卸しし、業務工数の多い業務に着目して、その「目的」を確認し、必要な仕事については方法が適正か、より簡単に実施できないかなど業務手段の見直しを進める方法です。この際の視点には、部門間に業務の重複がないか（組織間の分業分担）の見直しや、適正な人が適正な仕事をしているか（分担）の見直しなども含まれます。

　もう1つは、会社全体の仕事をめぐるルール（働き方のルール）を見直していく方法です。通常、これらの働き方のルールは全社の共通ルールとして設定されています。例えば、様々な勤務制度や会議スペースなど執務環境、会議時のルールやメール等コミュニケーションのルールなど、大きなルールから慣習とも言える小さなルールまで様々あります。その中には、オフィス職場の効率を阻害しているルール・慣習が存在しています。社外に対する部分は変えにくくても、社内向けのルールは変えることが可能です。ルールを見直して業務効率化が図れれば、仕事の見直しより手間をかけずに、大きな効果が見込めます。

　これら2つがあることを理解し、業務改革活動の目的やメンバーの考え方に応じてどちらの取り組みをしかけるのか、もしくは2つを組み合わせて活動していくかをプロジェクトの初期段階で設定することが重要です。

図表 1-3 業務改革の2つのアプローチ

①**仕事の見直し**　…目的・人・方法といった視点から業務を見える化し、業務の効率化を行う
②**働き方の見直し**…全社の業務に関するグランドルールや風土を見直す
　組織文化の変革　…改善意欲向上や、上司より早く帰れない雰囲気といった組織文化の変革を行う

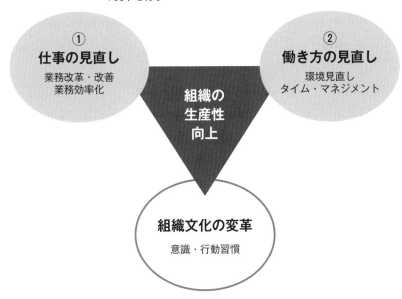

　また、この2つのアプローチを通じて業務改革・改善活動に取り組んだ結果として、組織文化の変革を意図することも重要です。組織の文化とは、組織風土によって自然と育まれるものです。

「役員向けの説明資料こそ一番力を入れて作るべきものだ。もちろん上司にもきちんと見てもらうのがあたりまえ」
「遅くまで仕事をしないとサボっているように見られる。上司がいるうちは残るのが常識」
「目の前の仕事をきちんとこなしさえすればよい。先輩もそうしている」
「うちの会社（部門）には、おとなしい人が多いから意見を言うと目立ってしまうので、自分もおとなしくしておいた方がよい」

など、明文化はされていないものの脈々と受け継がれているような考え方が組織の風土となり、働く人々の意識や行動習慣を形作ります。その結果として、
「きちんと社内向け説明資料を作って社内根回しをした上での御前会議」
「なんとなく8時までは仕事をするのがあたりまえという雰囲気・価値観」
「今のやり方を変えようという意見が出にくく、改善提案も盛り上がらないのがうちの会社」
といった組織文化が生じていきます。

現状の組織文化を変えて、「顧客第一の組織」「残業のない職場」「改善力のある職場」にしていきたいと思った場合には、
「社内向けの資料は価値を生まない。顧客に向いた仕事に注力しよう」
「ワークライフバランスの時代だ。早く帰ろう」
「改善をしなければ生き残れない。日々改善を考えよう」
などの掛け声だけではなかなか変わりません。
「役員には口頭で簡単に説明しておいたので、資料を1、2枚簡潔にまとめておいてくれる？　会議で議論するから。その代わり、来週の顧客向けプレゼン資料に時間をかけてね」
「A君が忙しいようなので、Bさん手伝ってあげてくれる？　きちんと評価時には考慮するから。みんなで7時までには終わらせよう」
「これでは今まで通りだね。もう少しよいやり方を考えてくれる？」
「何か問題を感じたら、週次ミーティングでどんどん提案してくれ」
という具合に、マネジャーからの日々の発信を変えていくことが必要になります。このような新しい価値観（常識）を現場の管理者に浸透させていくしかけ作りも、業務改革・改善活動の重要な取り組みの1つとなります。

2つの取り組みの具体的な進め方や改善の考え方は、Step2以降で具体的に説明しますが、基本的な考え方を簡単に紹介します。

■仕事の見直し活動

仕事の見直し活動は、業務の実態把握から始まります。先にも述べたように、オフィスの仕事は実態が見えにくいからこそ、この手順が重要となります。

図表 1-4 企業文化、企業風土とは

企業文化	その企業（組織）が社会に貢献し、利益を得るために培ってきた価値観・規範・行動様式（知恵・工夫）。

⇒トップダウン型、手続き主義、全方位戦略、模倣戦略、技術志向…

企業風土	企業（組織）の構成員が認知している企業（組織）の全体的な性格

⇒受け身、保守的、事なかれ主義、おとなしい、おだやか、マジメ…

　まずは、仕事を構成する業務内容の洗い出し（棚卸し）から始まります（①）。この作業は、業務分担表など既存の資料を活用する、部門の業務を理解している人にヒアリングを実施してまとめるなどの方法があります。また、業務項目ごとに業務の特性（特徴や性質）を整理することも有効です。

　その上で業務量の把握を実施し（②）、どのような仕事にどのくらいの仕事量がかかっているのかを明確化します。これによって、改善の重点が明確になります。1つひとつの仕事のフローや手順などを見ていく場合には、時間と手間がかかります。だからこそ、業務量の大きな仕事から優先をして見ていくことが重要です。

　優先順位を決めた上で、1つひとつの仕事の評価を実施します（③実施レベルの把握）。評価の方法は担当者へのヒアリングや実際に手順をマニュアルで確認したりフローで整理するなど、いろいろあります。詳細は、Step 2以降で紹介します。上記のように現状を見える化し、そこから問題課題を整理する（④）ことで、改革・改善の推進力が上がります。

　このような業務の実態把握は、業務改革・改善活動のスタートとしてももちろん重要ですが、それ以外にも、組織の見直しの際や必要な要員の計画を行う際など、様々なタイミングで経営の方向性を検討する際の基礎データとして活用することが可能になります。

図表 1-5　仕事の見直しの概略手順

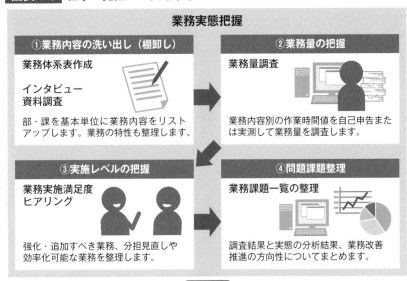

　続いて、業務実態の把握をした上で、改革方向の設定をします。大きく分けて2つの方向性が考えられます。1つは外部委託など業務を外に切り出す方向性、もう1つは業務のやり方を見直す方向性です。この2つを組み合わせることもあります。

■働き方の見直し活動

　働き方の見直し活動の場合にも、まずは簡単な実態把握をします。就業時間の実態や残業時間の実態といった勤務時間の状況の見える化や、ヒアリン

グやアンケートによる、ルールの実態や社員の意識レベル調査を行います。「仕事の見直し」と同様に業務実態を把握することもありますが、細かい業務項目ごとの調査というよりは概略項目での把握となります。

　長時間労働や残業が多く発生している職場には、4つの制約条件があります。

　1つめは「時間」の制約です。おもに、特定の時間やタイミングで業務が発生するために時間調整ができない状況を指します。そのような業務が存在すると、「どうせ4時にならないと提出書類が来ないから、あの業務にはまだ手を付けなくてよい」というような意識で、その他の業務についても間延びしたペースになっていることがあります。また、月末処理のように、締め切りがあることで、それまでためて一気に仕事をするほうが効率がよいと考えて、習慣化していることもあります。

　2つめは、「スキル」の制約です。「この仕事は特定のAさんしかできない仕事だ」「あのやり方はBさんしかわからない」などの仕事がある場合、応援ができないために、特定の人が忙しくなってしまったり、その人の作業が終わるのを他の人が待たなければならない状況が発生することがあります。

　3つめは、「場所」の制約です。「この作業は特定のあの機器を使わなければならない」「会社に戻らないとこの登録ができない」などの事情により、移動時間や機器待ちが発生するようなケースです。

　これら3つは、「仕事の見直し」の際にも解決しなければならない制約条件です。

　最後の4つめが、「風土・勤怠」の制約です。「私はこの仕事の担当だから他の人の仕事はわからない」「情報交換は対面が原則だから会議をしよう」「直行直帰はできない勤務ルールになっている」など、風土や職場のルールによって、応援をしない、できない状況や、必要以上の残業や会議、移動が発生する状況が起こりえるのです。

　4つの制約の大きさは職場によって異なりますが、これらが背景となって働くメンバーの拘束時間が長くなっていることが多くあります。結果として職場全体が疲労感でおおわれ、やる気や活力を低下させてはいないでしょうか？

これらの制約条件をルールや風土を変えていくことで解決を図るのが、働き方の見直し活動となります。

図表 1-6 効率的な働き方を阻害する４つの制約条件

・他人の仕事は他人の仕事！
・対面コミュニケーションが原則！
・直行直帰はありえない。
・なぜか帰りづらい雰囲気がある。
・何でもかんでもccでメールが入る！

・特定の時間や勤務時間外に仕事が発生するため、時間調整ができない。
・手待ちで間延びした仕事スピードになったり、拘束時間が長くなる。

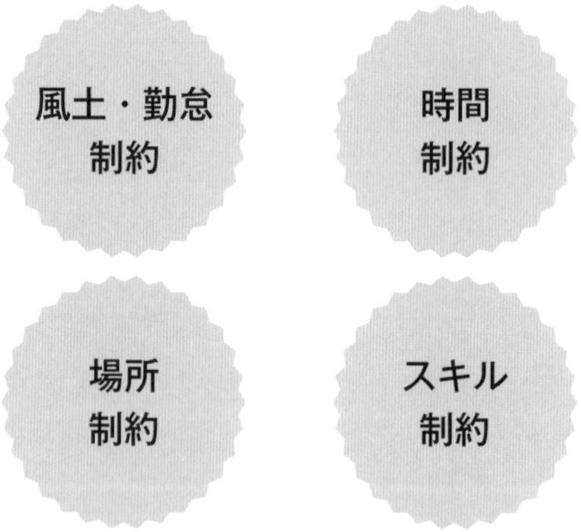

風土・勤怠制約

時間制約

場所制約

スキル制約

・特定の場所に行かないと仕事ができない。
・ある機器を使わないとならない。それが前提で、移動などに時間がかかる。

・特定の人にしかできない仕事があるため、業務が集中する。
　「この案件はあいつしかできない」
・結果、特定の人の拘束時間が長くなる。
・特定者の作業完了の待ち時間も発生する。

3

プロジェクトの体制を設定する

■プロジェクトチームとは

　各人が自分の担当業務について進める業務改善と違って、業務改革を実施する際には、プロジェクトチームを作って活動するとスムーズです。なぜなら、全員参加が理想ではあるものの、個々人の日常業務の忙しさや、業務のスキル差、改善に慣れているかどうかの差があり、どうしても活動にバラつきが出がちだからです。

　全社的な業務改革活動であれば、選抜メンバーで検討し、必要な部分で各部門メンバーにヒアリング協力などで参画してもらう方法が現実的です。

　プロジェクトチームとは、期間目標の中で目標成果を達成するために様々な部門からメンバーを選定して作る時限的組織です。プロジェクトをうまく推進していくためには、体制作りが重要なのは言うまでもありません。

　プロジェクトの最終責任者はプロジェクトオーナー（部門単独プロジェクトであれば部門長、大規模であれば担当役員など）であり、基本方向を決めたり、意思決定をします。ステアリングコミッティや審議会と言われるような意思決定の会議体を設置する場合もあります。

　その下に実質的な検討を進めるプロジェクトチームが置かれ、その責任者がプロジェクトリーダーとなります。メンバーは各部門から1名程度は参加してもらい、関連する部門（情報システム部門や現業部門など）からも代表者を出してもらいます。このプロジェクトが検討の中心となり、各種現状分析を行った上で、共通で取り組むべきテーマを設定したり、各部門の推進テーマを検討します。基本は少人数で議論を進める方が効率的ですので、人数が多くなる場合にはプロジェクト内にテーマや分野別の分科会を作る場合もあります。

Step 1 業務改革・改善企画を立てる

複数部門を巻き込むようなプロジェクトでは、全体のサポート役として事務局を置くのが一般的です。その場合、プロジェクトリーダーと事務局がプロジェクト推進の企画を一緒に検討をします。

図表 1-7 業務改革プロジェクトの推進体制設定例

【本社全体プロジェクトのケース】

【単独部門プロジェクトのケース】

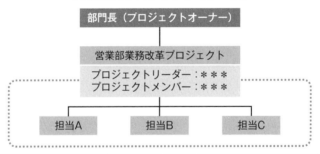

ステアリングコミッティ………担当役員（プロジェクトオーナー）・幹部で構成。
　　　　　　　　　　　　　　各ステップで検討内容の報告・審議、および方向付け・
　　　　　　　　　　　　　　意思決定を行う。
事務局……事務局長及び事務局メンバーで構成。
　　　　　事務局の役割は、部門窓口と協業しつつ、下記①～④を行う。
　　　　　①情報の収集・提供　　　　　　　②各種分析・検討
　　　　　③検討会・および報告会の開催・討議　④各種取りまとめ
報告会……ステアリングコミッティへの報告会は、2～3カ月に1回の推進報告、
　　　　　最終報告を1回開催する。
推進会議…各部門長への情報共有および意見集約・徹底の場として1カ月に1回設定する。
検討会……事務局および関連する部門窓口担当と必要の都度、検討会を開催する。
　　　　　検討会は週に2～3回程度は開催する。
　　　　　（必要に応じて、検討する議題に関連する人に都度参加してもらう）

■どんな人がプロジェクトリーダーに適任か？

　体制を検討する際にまず大切なのは、プロジェクトリーダー（推進責任者）を誰にするかです。プロジェクトの責任者は、プロジェクトのねらいを深く理解し、適切なメンバーを選定し、統率していかなければなりません。またプロジェクトを推進していく中では様々な軌道修正が必要になることがありますので、柔軟に対応できることも重要です。

　多くの部門を巻き込んだり、会社の期待が大きい大規模なプロジェクトになればなるほど、「あぁ、やっぱりあの人か」と言われるような、エース級の人材を登用する必要があります。ここで言うエース級とは、単に業務成績がよいとか、役職が高いというだけでなく、問題認識の確かさや、発言力の大きさによって社内で一目を置かれているような人を指します。

　こういう人を任命することは、会社にとっても成功確率が上がりますし、プロジェクトに巻き込まれる社員から見ても、会社としての本気度が伝わります。また、任命された本人からしても、会社からの期待が伝わり、モチベーションアップにつながることは間違いありません。

　またプロジェクトリーダーには、一定の権限を与えることも重要です。立ち上げ当初に、プロジェクトの目的や予算、成果物などと併せ、推進責任者の責任と権限についても決めておき、基本方向の範囲内であれば、いちいちプロジェクトオーナーやステアリングコミッティにお伺いを立てなくても、プロジェクトを進められるようにしておくのが理想的です。

■事務局機能の役割とメンバーの選び方

　全社のプロジェクトの場合には、各部門の活動を横通しで同じような考え方で推進するための事務局機能が重要です。事務局でプロジェクトリーダーと協力しながら具体的な企画や推進を担うことになります。

　情報共有や、各部門からの意見を拾い上げ決定事項を周知徹底する推進会議の場の設定や運営、ステアリングコミッティなどへの答申・意思決定会議を設定することも重要な役割となります。

　このような事務局に加える担当者については、プロジェクトを支え、事務

局として全体を俯瞰しながら、必要に応じて現場にも出向き、現場と同じ立場で腹を割って話せるような人が理想的でしょう。また、対象業務についての業務知識があるとか、エクセルが詳しいなど、一芸に秀でるセンスのよさが買われる場合もあります。

　続いて検討すべきは、プロジェクトのメンバーです。現場部門の代表者として参画してもらいますが、部門の利益代表としてではなく、プロジェクト全体の立場から、会社として取り組むべき業務改革案を考えてもらったり、各部門での業務改善案実行の中心として活躍してもらいます。
　メンバーには、プロジェクトリーダーや事務局で考えた企画を受けて具体的な改革方向やテーマ案などを検討してもらうことになるので、あらかじめ、普段から問題意識の高い中堅社員や、協力してくれないと困る影響力のある人を巻き込んでおくことが肝要です。

4 プロジェクトの目標を設定する

■目標設定の考え方

　プロジェクト体制が組まれたら、改革目的の共有をしつつ、プロジェクトの目標を設定します。この目標のレベルによって、何をどのくらい検討すればよいのかが決まってきます。

　目標設定の考え方には、いくつかあります。多くの会社では市場比較型かポリシー型で設定しています。「グローバルのライバルと比較して負けないように」「業界トップ企業と比較して遜色ないように」「業界No.1の素敵な本社にする」「えーい。3割減！」などです。

　市場比較型の場合、根拠がある分、あるべき姿を説得力をもって設定することができます。それによって活動の必要性についても説得力が増し、前向きに活動できるようになります。

　一方で、ポリシー型で設定した目標で活動に成功している企業もたくさん

図表 1-8　目標の設定方法

市場比較型	他社並み
	他社以上（ベストプラクティス）
	No.1
理想型	考えられる最高レベルで設定
統計型	統計的に計算して予測
実績型	過去の実績をベースに現実性重視
ポリシー型	気持ち優先、「エイヤー」

Step 1　業務改革・改善企画を立てる

あります。現実は現在の状態であり客観的なものですが、目標は、あるべき姿、もしくは、ありたい姿として設定するものであり、設定者の価値観（主観）によって定めても問題がないからです。ポリシー型は主観の最たるものですが、そこに設定者の想いや戦略性があれば大きな推進力になります。

改革活動は目標と現実のギャップの大きさを把握し、課題設定をして解決をしていく活動です。ギャップが小さければ、業務改善活動として、すでに見えている問題を解決していけばよいのですが、ギャップが大きくなると、知恵を絞って課題設定する必要が出てきます。

図表 1-9　問題の設定

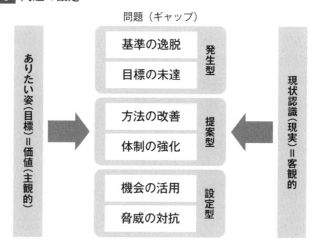

■目標設定のポイント

目標設定のポイントは、「なぜ？」という疑問に対して、きちんと説明ができるようにしておくことです。これは、後付けの理屈でも構いません。オフィスワークの改革活動では、目標をコストで語るのか、要員数で語るのか、業務工数で語るのかを決めておくことも重要です。例えば、残業削減プロジェクトなら業務工数や残業時間を目標とするのが適切ですし、本社コストの低減を目指すプロジェクトであれば、要員数やコスト目標は必須です。さらに、要員数削減を実現するためには、それ以上の工数削減目標も設定してお

く必要があります。分担の状況もありますし、工数削減=要員削減とはなりません。要員削減目標に対し、30〜50％程度上乗せした工数目標を設定しておくとよいでしょう。

　改革目的と目標水準をしっかりと社内に対して説明し、適切な危機感を持ってもらうことは非常に重要です。この点の整理や発信は、プロジェクトオーナー、リーダーの大切な仕事です。目標達成の必然性が伝わらないと、現場が目標の高さに動揺して最初からあきらめてしまったり、活動途中の施策検討時に詰めきれないままになってしまうことにつながります。知恵を絞らせる（成長を促す）ためにも、ある程度の高さとそこへの執着心を持ちながら活動を進めることが求められます。

　目標には3つの構成要素があります。「指標」と「数値」、そして「達成期限」です。

　「指標」とは、「物事を判断したり評価したりするための目じるしとなるもの」（大辞泉より）であり、物事を評価するための項目です。つまり、指標を使わないということは、評価できない（評価しない）ことにもなります。評価しないということは、「努力をしてもしなくてもよい」ことになってし

図表 1-10 目標の構成要素

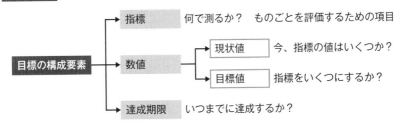

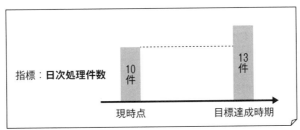

まいますので、目標を設定することがいかに大切かおわかりいただけるでしょう。

「数値目標」は「10件→20件」といった実数と「200％向上」などの比率の両方が考えられます。また、数値目標を設定する場合には、高さ目標（達成目標）と面積目標（獲得目標）の違いを認識しましょう。高さ目標とは「○○時点までに20％の経費低減を実施しよう」という形で立てる到達目標です。その達成時点以降に成果が出現します。一方、面積目標は、同じ施策を行う場合でも、業績と連動させて設定する達成目標です。面積目標では、経費抑制額前年実績比20％という形になり、その絶対値の達成が求められます。そのため、常時目標値を達成することが求められますし、不足した月があった場合には翌月以降に不足分をカバーして目標値以上の達成をすることが求められるのです。こちらの方が業績（予算や実績の数値）には直接的に連動しますが、施策実施のタイミングが遅れると成果も減ってしまうので、計画通りに施策を実施するなど管理水準の高さが求められます。

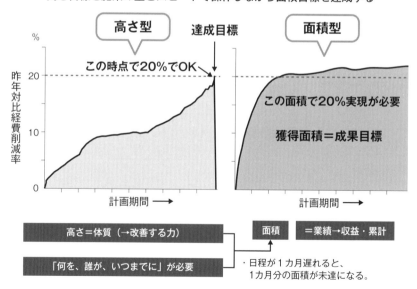

図表 1-11 面積目標と高さ目標
高さ目標を施策の量とスピードで操作しながら面積目標を達成する

また、測定ができる場合には実数や比率での目標設定が望まれますが、測定しにくい場合には、代用指標として認知率、遵守率などをアンケート等で取るなどの方法もあります。例えば、「ストロング」の施策として想定される、コンプライアンスリスクの低減の場合には、リスク評価でポイント化をして定量化することも可能ですが、コンプライアンス教育の実施回数、受講者数、全社員に占める受講者比率などを代用指標として評価をする方が測定は容易となります。

図表 1-12 指標を設定しにくい場合の設定方法

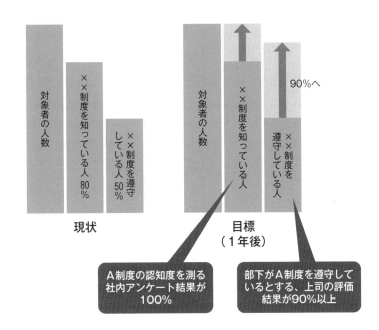

5

基本方向性を設定する

■なぜ方向性を設定することが必要か

　改善目的と目標が明確になれば、それらをシナリオとして取りまとめ、改革の方向を設定することになります。非常に重要なポイントで、この設定があいまいなまま進んでしまっていたために、業務改革プロジェクトが途中で迷走してしまうことも多くあります。

　何を目指した活動にするのか、そのために、どのような仕事、ルールを見直すことで実現をするのか、目標値はどのくらいなのか、基本的な改革仮説は何かを整理します。そしてそれをまずプロジェクトメンバー内でしっかりと理解し、プロジェクト中に立ち戻る基本的な拠りどころとしておきます。

　右頁の図表1-13は、本社の生産性向上と事業部門への人員シフトを想定した事例での基本シナリオの設定例です。

　業務の特性に着目しながら業務の見直しを進め、非付加価値業務の効率化を進め、併せて仕事に見合った人員構成を実現することで、残業削減と機能強化、事業部門への要員異動をねらった活動です。このケースでは、業務工数（仕事量）の40％の削減をねらい、20％の要員を異動することを目指し、残った工数で機能強化や残業削減の実現をねらいました。

　また、いわゆる定型的な仕事については、徹底的な業務標準化を図り、助け合える職場（応援し合える職場）の実現もねらっています。

　このように、何を目指してどのように変えていくつもりなのかをきちんと整理してプロジェクトメンバー内で共有し、社内に発信していかないと、プロジェクトの初期～中間期で道に迷ってしまうことが多いのです。

図表 1-13 改革方向の設定例

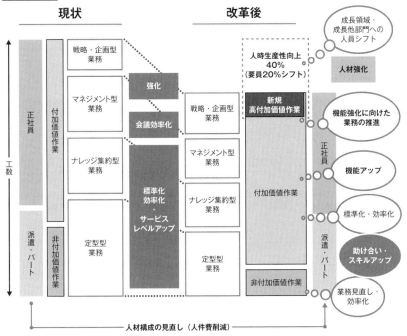

■方向性を整理する

　また、業務改革の方向について整理をしておくことも重要です。外部に委託するなど外部リソースを活用するのか、要員の削減を伴い、社内外への転出を検討するのかなど「組織改革」の側面と、IT活用を前提とするのか、業務の中身の見直しを前提とするのか、またそれらの組み合わせなのかなど、どのような施策方向で業務の削減を検討するのかという「プロセス改革」の側面です。

　残業削減目標であれば、「プロセス改革」中心となりますし、要員削減目標の場合には、「プロセス改革」と「組織改革」を組み合わせた活動になります。

　もう1つは、「プロセス改革」を実施する際に、仕事の見直し（業務改革）を中心に考えるのか、会社の仕事をめぐるルール（働き方のルール）を見直

図表 1-14 業務改革の方向

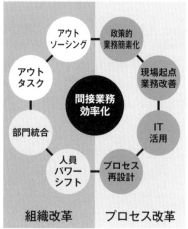

図表 1-15 業務改革の8つの視点

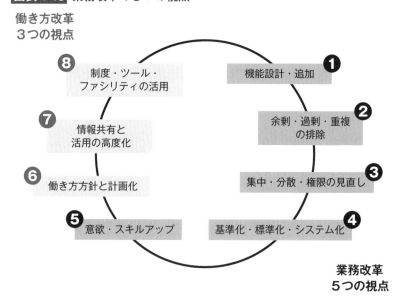

していく働き方改革を中心に考えるのか、それらを組み合わせて考えていくのかという方向性の整理です。

詳細はStep3で解説しますが、業務改革の5つの視点と働き方改革の3つの視点を組み合わせた8視点で改革を進めます（161頁～参照）。

■「仕事の見直し」と「働き方の見直し」をセットで進める

最近は、「仕事の見直し」と「働き方の見直し」をセットにした"総合格闘技型"の推進をおすすめしています。詳細な説明は後ほど紹介しますが、以下のような進め方です。

部門単位では、業務の見える化を実施した上で、主要な業務の改革案を前述の業務改革の視点を使いながら検討します。業務の標準化・マニュアル化を先行して進め、部門内の日々の計画の見える化活動も進めながら、応援体制の確立も行います。複数の部門をまたぐ業務については、業務フローを整理し、集中分散の適正化を検討します。

会社全体としては、業務が計画的に行われているかという点を確認し、会議や資料作り、メールなどコミュニケーションのグランドルールの見直し、浸透をしかけます。

上記の活動と並行して、人事部門や総務部門と協力しながら、新企画やアイディアを生み出す土壌作りとして、創発的なコミュニケーション機会を増やすオフィスレイアウトなどファシリティ面の見直しや、様々な働き方を選択できるダイバーシティ支援型制度の構築など、長く、生産的に働ける職場環境作りまでも広げて検討することもできます。

仕事の見直し活動は重要ですし、成果が保証される手堅さがありますが、それなりに手間がかかる活動です。一方、働き方の見直し活動は過去にあまり取り組んでいなければ、ルールを上手に見直して定着をさせていくだけで様々な部門に効果が生じる活動です。しかし同時に、かけ声倒れになる危険性もはらんでいます。そこで、両者を上手に組み合わせた活動を進めていくことで、効率と確実性のいいところ取りを図るというわけです。

6

プロジェクトの全体計画を策定する

■活動の流れと一般的なスケジュール感

ここまで内容が固まってくれば、推進ステップを想定し、プロジェクトの全体計画として取りまとめます。活動の流れは以下のようになります。改善活動に慣れているかどうか、また対象範囲の広さや想定の方向性によって多少変わりますが、各ステップの一般的なスケジュールを示しましたので、参考にしてください。

Step	概要	期間
Step1	業務改革・改善企画を立てる（本ステップ）	1～2カ月
Step2	業務を見える化する	1～2カ月
Step3	改革・改善の基本方向を決める	1～2カ月
Step4	改善具体案を検討する	5～9カ月
Step5	改善を実行する	3～6カ月
Step6	活動のモニタリングとアクション	Step5と並行して実施

■Step1 業務改革・改善企画を立てる

Step1では、今まで述べてきたように活動目的・目標の明確化や活動体制の設定、プロジェクトの計画策定を行います。

プロジェクトの計画には、マイルストーン（主要アウトプットや管理点）を設定することが重要です。例えば、報告会、主要施策の実施想定タイミングな

ど、プロジェクトの中の主要なタイミングです。マイルストーンは基本は動かさない目標点なので、それを実現するためのタスク（実施項目）を展開していきます。スケジュール設定時には、最終納期は厳守しながら、多少余裕を持ってタスクを置いていくことが重要です。想定外のトラブルもあるので、主要タスクにはバッファを持たせつつ、早め早めにタスクを設定します。

キックオフミーティングでは関連する主要なメンバーを集めて、トップからの発信を含め、プロジェクト設置の背景理解なども含めたプロジェクトの推進企画を共有し、協力依頼をします。

図表 1-16 基本計画の例

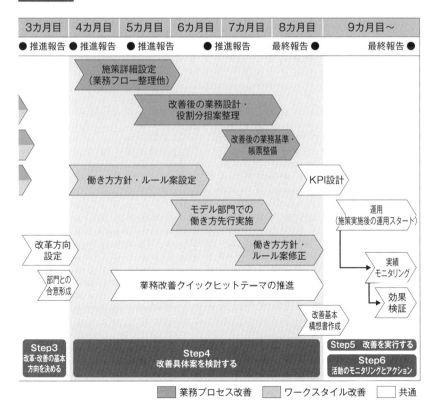

■Step２〜３　業務の見える化と改革・改善方向性の決定

　続いて、Step２の見える化に入ります。各部門の主要メンバーへのヒアリングを通して業務項目の整理を実施し、各担当者への業務量の調査をし、その結果を取りまとめていきます。

　Step３では、Step２で見える化した各種の取りまとめ結果を踏まえて改革テーマ案と改革方向案を設定します。ここまでは、業務量調査や課題ヒアリングなどについて部門の協力を仰ぎながら、プロジェクト中心で取りまとめることでスピード感を持って推進することが可能です。もちろんプロジェクトの独断で設定するわけではなく、対象部門のトップとも方向性共有をしながら、合意形成をしていくことになります。その際にも、プロジェクトの目的・背景、目標値が必達であると認識をしてもらいつつ、そのために必要な施策について理解してもらうことが重要です。

　具体的には、部門の課題認識と業務量調査結果に基づいてプロジェクトで共通テーマと個別部門テーマとして区分けして仮設定し、個別部門テーマについては、各部門マネジャーと共有しながら、目標・方向性について検討し、合意を取り付けます。その上で、各部門長にテーマ担当者や推進スケジュールなどを検討してもらい、具体的な各部門の取り組みテーマ案として取りまとめてもらうことが重要です。このステップは、事務局・プロジェクトメンバーの力の見せどころとなります。

　Step３の最後には、関連部門を再び集めて、Step４に向けての最終報告（次Stepキックオフでもあります）を実施し、改善具体案の検討に入ります。

■Step４　改善具体案を検討する

　Step４は、出てきたテーマの重さにもよりますが、５カ月から９カ月くらいの期間で設定するのが一般的です。その期間の中で、Step３で設定されたテーマの改善具体案および実施に向けた推進スケジュールを策定します。共通テーマ（全社横通しの働き方見直しテーマや、部門連携テーマ）についてはプロジェクトが中心になって推進をしますが、各部門テーマについては、部門側で検討を進めてもらい、事務局やプロジェクトはその進捗や内容面の

確認をするという形で役割分担をします。プロジェクトメンバーが多く選定されている場合には、部門推進の支援メンバーとして部門フォローにあたってもらうことも検討します。

このステップでは、基本方向に沿って現状の業務フローの整理やそれに基づく改善案の検討など、より深い分析を必要とする場合もあります。また、業務基準（処理ルールや判断ルールなど）の作成やフォーマットの見直しなど、改善案をすぐに実施できるレベルに落とし込みます。検討後すぐに移行できるテーマや、Step3で検討した際にすぐに実行できるとなったテーマは、クイックヒットテーマとして、Step4の期間内で即座に実行に移します。改革や改善に不慣れで、懐疑的な人が多い場合には、クイックヒットについてしっかり検討し、なるべく多く実施に移すことで改革・改善の有効性を体感してもらうように仕掛けることも有効です。特に働き方の改革テーマはモデル部門で先行実施して、チューニングをしてから展開範囲を広げていく方がスムーズに進む場合もあります。

■Step5〜6　改善実行とモニタリング

ここまでの準備が終わると、いよいよStep5、Step6となり、改善の果実を取り込む段階へとつながります。今まで検討した内容を改善基本構想書（243頁）に取りまとめ、実施に移行します。

事務局やプロジェクトでは、共通テーマの検討と並行して、活動の進捗状況や結果指標を把握するためのKPI(Key Performance Indicator：重要業績評価指標)を設定します。どの会社でも設定しやすいKPIとしては、部門別平均残業時間や、業務処理件数、完了テーマ数などが挙げられます。

また、実績の把握方法についても検討します。月次、四半期、半期などの管理のサイクルの設定、KPI数値の合格水準など管理水準の設定、実績収集の方法（フォーマットなど）について設定します。

ここまでの内容は前倒しをして、Step4の終盤に実施しておけると、よりスムーズにStep5、6に移行できます。

個々のテーマの実施タイミングは、改善基本構想書に定められているので、事務局ではそれらが計画通りに実施に移行できているかを確認していきます。

また、活動成果のモニタリングも計画通りに始めていきます。

プロジェクトの活動期間中は、1、2カ月に1回は部門との情報共有の場である推進会議を実施し、部門側との意見調整を行います。また、その結果も受けつつ、プロジェクトオーナーなどへの報告と方向性検討の場であるステアリングコミッティを同程度の頻度で設定します。

これらの会議体は、プロジェクトの順調な推進を印象付ける役割にもなりますし、方針付けしてもらいたいこと、協力してもらいたいことを徹底するための重要な場です。このような、"上"との方針共有、各部門との方針共有もプロジェクトを円滑に進めるためのポイントと言えます。

以上のような要素をマスタープランとして盛り込み、大、中、小日程の3段階程度で計画を策定しましょう。通常の業務改革のプロジェクトは、システム開発プロジェクトに比べて、要する工程数や関連する人数も少ないので、詳細なWBS（作業分解図）までは作らずに進めることも可能です。

図表 1-17 大・中・小日程の意義

	マネジャー	担当者
大日程 節目（マイルストーン） PJT全体	・PJT全体の作戦立てができる ・PJTの全体像が把握できる ・節目のアウトプット内容がクリアになる	・PJT全体の大きな進め方がわかる ・PJTの大きな節目を確認することができる ・外部に対してどんな約束をしているかがわかる ・PJTにおける自分の位置付けが明確になる
中日程 作業（タスク） PJTの部分	・方向性を決めることができる ・マイルストーンが守れるかどうかが明確になる ・誰がどのような進め方でどこまで進んだかが明確になる ・今後、誰がどう進めていくかが明確になる ・進め方についてのアドバイスができる	・節目（マイルストーン）へ向けての課題を事前に明確にし、進め方について議論ができる ・方向性が見えて具体的な作業が明確になる ・納期が明確になる
小日程 手順（プロシージャー） 各担当者	・作業内容へのアドバイス（抜け漏れ、進め方）ができる ・完了、未完作業が明確になり進捗がわかる ・改善課題が発見できる	・週次の負荷が見え、オーバーしていれば調整してもらえる ・作業内容、順序が明確になる ・抜け漏れ、手戻りが少なくなる ・「その日暮らし」から「先を見た仕事」ができるようになる

PJT＝プロジェクト

Step 2

業務を見える化する

1

業務項目の見える化

■業務の棚卸しをする

　業務改善や業務改革といっても、何から手をつけたらよいか、始めはとまどうことでしょう。

　あなたがまず最初にすべきは、部門のすべての業務を体系的に整理し、業務名を一覧にした表の形にすることです。このように、部門のすべての業務を洗い出して整理することを「業務の棚卸し」と言い、一覧表のことを「業務体系表」と呼びます。

　業務体系表が整理されることで、部門で行っている業務項目が見える化されます。これが業務改善や改革活動のベースになります。この業務の棚卸し単体は、「どの業務を改善すべきか」や「どこが問題なのか」がわかるものではなく、後述する業務量調査や業務特性調査などを行うための基礎資料になります。

　業務の棚卸しでは、まず、「大分類」「中分類」「小分類」と３階層で業務項目を整理ができるようなフォーマット（図表2-1）を準備します。職場での業務について、「業務分掌」や「業務分担表」など過去に整理した資料も参考にして、職場全体の業務に詳しい人にヒアリングをしながら、漏れのないように体系的に整理していきます。

■どうやって業務を分類するか

　業務の棚卸しの具体的な手順に進む前に、まずは、どのように業務分類するか、分類の元になる考え方、概念から紐解いて説明しましょう。

　ひと口に業務と言っても様々な粒度（細かさ）で表現されています。例えば、業務を「人事」「総務」と表現する場合は、「部」という部門や機能レベ

I　業務プロセス改善

図表 2-1　業務体系表フォーマット

業務区分					
No	大分類	No	中分類	No	小分類

大分類－中分類－小分類の区分は、必ず3階層にするというものではなく、必要に応じて3階層で表現すればOKです。

Step 2　業務を見える化する

ルで業務を捉えていることになります。「人事」業務をもう少し細かい粒度にすると「採用」「教育」「給与・賞与」「要員配置」「給与計算」などといった業務の固まり（業務種別）になります。ですから、業務改革・改善活動の中で、部門メンバーがどの業務のことを話しているのか認識合わせがしやすいように、業務を階層的に捉え、業務の表現についてレベル合わせをしておくことの必要性がご理解いただけるでしょう。

　部門全体の業務を細かくしていくと、部門で行っている業務の種類に分けられます。さらに細かくしていくと、徐々に業務の手順の概念に変わっていき、最終的には作業や動作レベルにまで細かくしていくことができます。

　改善対象とする業務を選定するときは、「業務の種類」（大分類か中分類レベル）を扱います。さらに、改善対象の業務が決まって、その業務の改善を行う場合には、「業務の手順」を扱うのが基本です。そのため、業務の棚卸しは、「業務の種類」を一覧表にまとめた上で、大まかな業務の手順がわかる程度（小分類レベル）でまとめましょう（図表2-2）。

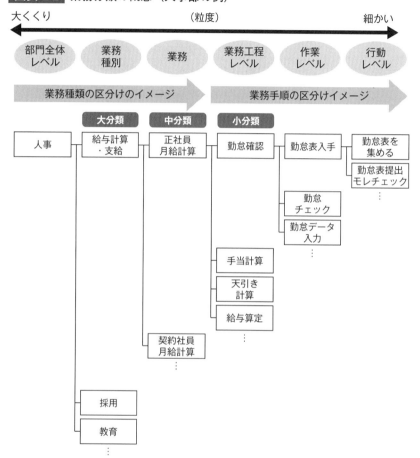

図表 2-2 業務分類の概念（人事部の例）

■業務体系表の作成手順

では、いよいよ業務棚卸しの手順を説明します。業務体系表は、一般的に部・グループ等組織単位で、下の①〜④の順番で作成します。

①業務の大分類を決める

まず、部門業務を大きく捉えると、どう分けられるかを考え、大分類の業

務候補を仮決めします（通常5～10項目程度）。

②業務の中分類を決める
　仮決めした大分類それぞれについて、それを構成する要素、大きな手順などを考え、中分類の業務候補を仮決めします。なお、中分類はマニュアルを作成する単位ぐらいになっているのを目安にしましょう（1大分類につき、通常3～10項目程度）。

③業務の小分類を決める
　仮決めした中分類を、手順、相手、行われるタイミングや場所などに着目して、あまり細かくなりすぎないように留意しながら小分類に分けていきます（1中分類につき、通常3～10項目程度）。

④業務分類の見直し、修正
　小分類を考える際、中分類、さらに大分類まで見直す必要があれば、先に仮決めした内容を修正します。小分類の見直しをする際は、以下の視点でチェックするとよいでしょう。

■小分類チェックリスト

□目的の異なる業務を一本化していないか？
　業務は目的に応じて行われるものです。業務目的が異なるものは別の業務ですから業務分類を別にする必要があります。

□発生サイクルが異なる業務を一本化していないか？
　日次、週次、月次、四半期、半期、年次など、発生サイクルが異なれば、目的・実施事項が異なるため、別の業務分類とします。例えば、単に「決算」と一本化するのではなく、「月次決算」と「年度決算」では分けた方がよいでしょう。

☐業務変動する部分が分けられているか？

定期的・定常的な業務と臨時的な業務では目的や実施事項が異なるため、別の業務分類とします。例えば、「採用」と一本化するのではなく「定期採用」と「臨時採用」で分けましょう。

☐業務項目の業務範囲がわかりやすいか？

業務項目は漏れなく、かつ重複（ダブリ）がなく整理されている必要があります。そのため、担当者がその業務がどこからどこまでを指しているのか、業務範囲を理解しやすい業務分類・業務名になっているか、また他の業務分類と重複（ダブリ）していないか、また、わかりやすい業務名になっているかを確認しましょう。

業務棚卸しを検討する際に、模造紙と付箋を用意し、付箋に業務項目を記載し、模造紙上で分類を検討するやり方もあります。特に複数人で検討する場合、皆で確認しやすく、業務分類の組み換えも容易にできるので、検討しやすくなります。

また、プロジェクトなどの特命業務や、部門の会議、朝礼やメール確認など部門内で共通的に発生するものは、大分類の１つに「共通業務」として項目を設けて、忘れずに業務体系表に記載しましょう。

サンプルもいくつか紹介しますので、参考にしてください。

図表 2-3 業務体系表の例

●人事部門の例

No	大分類	No	中分類	No	小分類
			業務区分		
1	人事計画	1	部門年度方針		
2	人件費管理	1	年間人件費計画		
		2	人件費予実管理		
3	要員配置・管理	1	要員計画	1	要員計画立案
				2	採用計画立案
		2	要員配置	1	定例異動
				2	人事異動（定例外）
				3	新人配属
		3	要員フォロー	1	休職者・復職者フォロー
				2	時短勤務者フォロー
				3	出向管理
4	給与計算・支給	1	正社員月給計算・支給	1	勤怠確認
				2	手当計算
				3	天引き計算
				4	給与算定
				5	給与支給
		2	契約社員月給計算・支給	1	勤怠確認
				2	手当計算
				3	天引き計算
				4	給与算定
				5	給与支給
5	採用	1	新卒採用	1	採用計画
				2	採用活動
				3	採用試験
				4	内定者フォロー
				5	入社手続き
				6	入社式
		2	中途採用	1	採用計画
				2	採用活動
				3	採用試験
				4	入社手続き
				5	入社式
6	教育	1	階層別研修	1	新入社員向け研修
				2	中堅社員向け研修
				3	管理職向け研修
		2	テーマ別研修	1	技術研修
				2	コンプラ研修
		3	選抜研修	1	リーダー候補者選抜
				2	選抜者向け研修
		4	資格取得支援		
7	人事評価	1	目標設定		
		2	人事評価	1	評価決定
				2	賞与計算
				3	昇給計算
				4	資格昇(降)格、進級、職系変更
		3	表彰・懲罰		
8	入退社事務	1	入社手続き		
		2	退職手続き		
9	福利厚生	1	施設等管理	1	社宅管理
				2	福利厚生施設管理
		2	社員向けサービス	1	財形・社内預金
				2	社内融資
				3	団体保険
				4	慶弔対応
				5	社員親睦会・サークル
10	労働関係	1	労使コミュニケーション（労審、経協等）		
		2	労働条件整備		
		3	人事諸制度企画		
		4	他社連絡会		
11	共通業務	1	会議・朝礼		
		2	メール		
		3	出張（移動含む）		
		4	経費精算		
		5	特命業務・プロジェクト		
		6	その他庶務		

●経理部門の例

No	大分類	No	中分類	No	小分類
1	予算管理	1	予算編成	1	予算策定方針
				2	予算策定依頼
				3	予算確認
				4	予算確定
		2	予算統制	1	予実管理
				2	是正策の実施フォロー
2	決算	1	月次決算	1	現金/預金残高確認
				2	月次棚卸高の確定
				3	仮勘定の科目整理
				4	減価償却費、退職給付費用等の計上
				5	月次試算表の作成
				6	月次業績報告
		2	単体決算（四半期・年間）	1	決算方針策定
				2	売上高・原価確定
				3	共通費配賦・仮勘定整理
				4	各引当金計上
				5	決算数値確定
		3	連結決算（四半期・年間）	1	連結決算方針策定
				2	期ズレ会社対応
				3	パッケージ収集
				4	連結決算手続
		4	開示資料	1	有価証券報告書
				2	決算短信
3	税務	1	法人税・住民税・消費税・源泉税　申告	1	申告書受領
				2	申告・納付
				3	給与支払報告書等の提出
		2	税務調査対応	1	税務調査（法人税）
				2	税務調査（印紙税等）
				3	税務調査（固定資産税）
4	保険料申告・納付	1	労働保険概算・確定保険料申告、納付	1	申告書作成
				2	申告・納税
		2	健康保険	1	得喪手続
				2	標準報酬月額にかかる月額算定届・月額変更届の提出
				3	賞与支払届の提出
		3	厚生年金保険	1	得喪手続
				2	標準報酬月額にかかる月額算定届・月額変更届の提出
				3	賞与支払届の提出
5	債権管理	1	新規取引審査		
		2	契約書管理		
		3	売掛金管理	1	請求
				2	入金消し込み
				3	残高管理・滞留債権管理
6	債務管理	1	契約条件検証		
		2	契約書管理		
		3	買掛金管理	1	支払依頼
				2	出金消し込み
				3	残高管理
7	資産管理	1	棚卸資産管理（例月処理）	1	個別原価計算
				2	商品・製品受払管理
				3	棚卸資産評価損
				4	棚卸し・残高管理
		2	固定資産管理（例月処理）	1	取得処理
				2	廃棄・除却・売却処理
				3	償却計算
				4	残高管理 建設仮勘定管理、リース資産、固定資産税等
8	出納業務	1	小口現金管理		
		2	従業員立替払い・仮払い	1	立替払い処理
				2	仮払い処理
		3	小切手		
		4	預金入出金管理		
9	監査	1	期中監査	1	コミュニティミーティング
				2	監査準備
				3	監査対応（質問回答）
		2	監査役監査	1	監査準備
				2	監査対応（質問回答）
10	共通業務	1	会議・朝礼		
		2	メール		
		3	出張（移動含む）		
		4	経費精算		
		5	特命業務・プロジェクト		
		6	その他庶務		

業務量の見える化① 業務量調査

■業務量調査はなぜ大切か？

　業務棚卸しで作成した業務体系表を用いて、それぞれの業務がどの程度の業務量なのかを、時間（工数）という単位で定量化する調査を「業務量調査」と言います。

　業務量を定量化することで、誰がどの程度の業務を行っているのか、どの業務にどのくらいの負荷がかかっているのかなどが見えるようになります。業務改革・改善活動の場合には、改革対象の重点化や改善効果を見積もるための重要な情報になります。

　改革対象の重点化とは、優先度をつけて業務改革を行う業務を絞ることです。なぜなら、年間1,000時間の業務を10％効率化した場合、年間100時間の改善になりますが、年間10時間行っている業務を50％効率化しても年間5時間の改善にしかならないからです。もちろん、年間5時間の改善も大切なことですが、業務改革・改善活動には工数がかかるため、同じ工数をかけるなら効果が大きい業務に絞る方が効率的です。

■もっとも使いやすい経験見積り法とは

　業務量を測定する方法としては、現場を直接観測して1回あたりの業務時間を測定する方法や、日々、日報をつける方法もありますが、部門全体の業務について業務量を測定するには、手間や期間がかかりすぎるというデメリットがあります。なぜなら、オフィスワークの職場は一般的に業務種類数が多く、すべての業務を測定するには時間がかかるだけでなく、年1回しか発生しない業務はその発生時期まで測定できないからです。

　最も簡単に部門全体の業務の業務量を算出でき、かつ精度も確保できる業

務量調査方法は「経験見積り法」です。これは、業務担当者が経験的に１年間の業務量を見積もる方法です。

　なお、経験見積り法による業務量調査方法は「時間積上げ型」と「時間比率型」の２パターンあります。

　まず、それぞれの業務量調査の考え方を説明します。時間積上げ型では、各業務の年間業務量は「１回あたり時間」×「年間発生頻度」で算出します。例えば、１回あたり時間が１時間で、年間12回行う業務があれば、その業務の年間業務量は１時間×12回＝12時間となります。

　「時間比率型」では、各業務の年間業務量は「年間就労時間」×「その業務の時間比率」で算出します。業務量調査票では、各業務量調査回答者の年間就労時間を100％とした場合、その業務に何％の時間を使っているかを回答します。例えば、年間就労時間1,800時間の担当者が、ある業務に10％の時間を使っている場合、その業務の年間業務量は1,800時間×10％＝180時間となります。

■業務量調査の進め方

①調査対象者の決定

　業務量調査は、担当者ごとに「どの業務にどれだけ関わっているか」を調査するので、対象者を確定させなければなりません。基本的に、業務の棚卸しに示されている業務に関わっている人すべてを対象とします。一般的には、正社員だけでなく派遣社員やパートなどの期間雇用者も対象とします。

②担当者ごとの年間就業時間実績を集計する

　年間業務量は、就業時間（働いている時間）に近い値になるはずです。業務量調査の精度を確保するため、個人別の業務量調査結果と就業時間（会社で働いている時間）とを比較して調整します。この調整用に、あらかじめ担当者ごとの過去１年間の就業時間の実績を集計しておきます。

　一般的には、人事の就労データを活用して過去１年の個人別就業時間を算出します。これらのデータの入手が困難な場合は、担当者ごとに「月別平均残業時間」と「平均休暇取得日数」を思い出してもらい、会社の出勤カレン

ダーと定時の労働時間から過去1年間の就業時間を概算します。

③調査方法を決める

「時間積上げ型」と「時間比率型」のどちらの調査方法にするかを決定します。

「時間積上げ型」の場合は、各担当者の休憩や余裕時間などを含まない正味の業務量を把握し各担当者の余力を把握したい場合や、1回あたり時間・発生頻度を把握したい場合に向いています。その代わり、業務量調査回答者の回答負担が多少大きく、1回あたり時間を感覚的にも把握できている必要があります。

一方、「時間比率型」は、1年間の業務量を100%として比率で回答するため、各担当者の余力や1回あたり時間、発生頻度を把握することができません。その代わり、業務量調査回答者か回答しやすいという特徴があります。

業務改革対象を重点化するという目的ではどちらの調査方法でも問題ありませんが、業務量調査結果を他にどのように使うか（目的）と業務量調査の回答しやすさを考慮して、調査方法を決定します。

④調査フォーマットを作成する

「時間積上げ型」または「時間比率型」のいずれかの調査方法に沿って、調査用のフォーマットを作成します。

時間積上げ型のフォーマット

・業務体系表の右側に、「1回あたり時間」「頻度（日・週・月・年）」「年間業務量」の欄を加えた業務量調査のフォームを作成します（図表2-4）。
・1回あたり時間は、対象となる業務をとりかかってから終わるまでの平均的な時間を分単位で記入します。
・頻度は、対象となる業務の実施頻度を「日に何回、週に何回、月に何回、年に何回」のいずれか最も考えやすいもので値を回答します（頻度は、日、週、月、年のいずれか1つの欄に値を回答します）。

図表 2-4 業務量調査票（時間積上げ型：平均値を直接設定する場合の例）

部門 [　　　]　　氏名 [　　　　　　　]

業務区分						業務量					
No	大分類	No	中分類	No	小分類	1回あたり時間（分）	頻度			総件数	年間業務量（時間）
							日	週	月	年	
1	人事計画	1	部門年度方針								0	0.0
2	人件費管理	1	年間人件費計画								0	0.0
		2	人件費予実管理			120				1	1	2.0
3	要員配置・管理	1	要員計画	1	要員計画立案						0	0.0
				2	採用計画立案						0	0.0
		2	要員配置	1	定例異動	600				2	2	20.0
				2	人事異動（定例外）	300				3	3	15.0
				3	新人配属	300				1	1	5.0
		3	要員フォロー	1	休職者・復職者フォロー	300			1		12	60.0
				2	時短勤務者フォロー	300			1		12	60.0
				3	出向管理	120			1		12	24.0
4	給与計算・支給	1	正社員月給計算・支給	1	勤怠確認	480			1		12	96.0
				2	手当計算	300			1		12	60.0
				3	天引き計算	120			1		12	24.0
				4	給与算定	120			1		12	24.0
				5	給与支給	200			1		12	40.0
		2	契約社員月給計算・支給	1	勤怠確認	200			1		12	40.0
				2	手当計算	100			1		12	20.0
				3	天引き計算	60			1		12	12.0
				4	給与算定	60			1		12	12.0
				5	給与支給	60			1		12	12.0
												180.5
〜	〜	〜	〜	〜	〜	〜	〜	〜	〜	〜	〜	〜
11	共通業務	1	会議・朝礼			60	1				240	240.0
		2	メール			30	1				240	120.0
		3	出張(移動含む)			480			1		12	96.0
		4	経費精算			15		1			50	12.5
		5	特命業務・プロジェクト			480			1		50	400.0
		6	その他庶務			30		1			50	25.0
0	0	0		0	0							0.0
											合計	1,600.0

I 業務プロセス改善

年間業務量は、「1回あたり時間」×「年間頻度」によって自動算出できるようにしておきます。この際、頻度を年間の頻度に換算することと、単位を時間にすることに注意します。

年間業務量（時間）＝１回あたり時間（分）× 年間頻度 ÷ 60
年間頻度　＝　日の頻度 ×（出勤日数－平均有休取得日数）
　　　　　　＋　週の頻度 × 50
　　　　　　＋　月の頻度 × 12
　　　　　　＋　年の頻度

なお、１回あたり時間にバラつきが大きい業務の場合には、上記のような平均的な１回あたり時間ではなく、バラつきを考慮できる３点見積り法で平均値を求める方法もあります。３点見積り法は、業務がスムーズに進み、早く終わるときの所要時間（楽観値）、最も多い所要時間（最頻値）、うまく進まずに時間がかかってしまう時の所要時間（悲観値）から平均値を算出する方法です。

３点見積り法では、以下の計算式で平均値を算出します。

平均値　＝（楽観値　＋（最頻値×４）＋　悲観値）÷　6

図表 2-5　３点見積り法の考え方

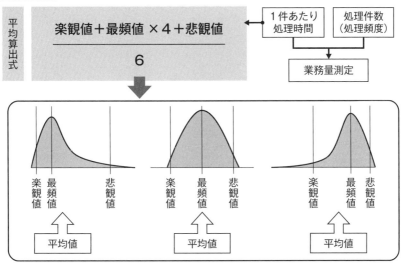

図表2-6　業務量調査票（時間積上げ型：3点見積り法の例）

| 部門 | | 氏名 | | | | | | | | | |

\multicolumn{4}{業務区分}	業務量							年間業務量(時間)
				1回あたり時間（分）				頻度		総件数	
No	大分類	No	中分類	No	小分類	楽観値(短)	最頻値(並)	悲観値(長)	採用値	日 週 月 年	

No	大分類	No	中分類	No	小分類	楽観値(短)	最頻値(並)	悲観値(長)	採用値	日	週	月	年	総件数	年間業務量(時間)
1	人事計画	1	部門年度方針												
2	人件費管理	1	年間人件費計画												
		2	人件費予実管理			60	120	180	120				1	1	2.0
3	要員配置・管理	1	要員計画	1	要員計画立案										
				2	採用計画立案										
		2	要員配置	1	定例異動	200	600	1,200	633				2	2	21.1
				2	人事異動（定例外）	100	300	600	317				3	3	15.8
				3	新人配属	200	300		233				1	1	3.9
		3	要員フォロー	1	休職者・復職者フォロー		300		300			1		12	60.0
				2	時短勤務者フォロー		300		300			1		12	60.0
				3	出向管理		120		120			1		12	24.0
4	給与計算・支給	1	正社員月給計算・支給	1	勤怠確認	300	480	800	503			1		12	100.7
				2	手当計算	200	300	400	300			1		12	60.0
				3	天引き計算		120	200	120			1		12	24.0
				4	給与算定	80	120	200	127			1		12	25.3
				5	給与支給		200		200			1		12	40.0
		2	契約社員月給計算・支給	1	勤怠確認	100	200	300	200			1		12	40.0
				2	手当計算	50	100	150	100			1		12	20.0
				3	天引き計算		60	120	60			1		12	12.0
				4	給与算定		60	120	60			1		12	12.0
				5	給与支給		60		60			1		12	12.0
															180.5
〜〜〜															
11	共通業務	1	会議・朝礼				60		60	1				240	240.0
		2	メール			10	30	90	37	1				240	146.7
		3	出張（移動含む）			100	480	960	497			1		12	99.3
		4	経費精算			0	15	60	20		1			50	16.7
		5	特命業務・プロジェクト			200	480	900	503	1				50	419.4
		6	その他庶務				30		30	1				50	25.0
														合計	1,660.4

Ⅰ 業務プロセス改善

時間比率型のフォーマット

・業務体系表をもとに「大分類時間比率」「中分類時間比率」「小分類時間比率」を入力できる業務量調査のフォームを作成します（図表2-7）。
・すべての大分類合計で100％となるように時間を割り振ります。
　各大分類の項目ごとに、大分類に含まれるすべての中分類合計で100％となるように時間を割り振ります。
・中分類の項目ごとに、中分類に含まれるすべての小分類合計で100％となるように時間を割り振ります。
・各小分類業務の年間業務時間比率は、以下の計算式で算出されます。
　年間業務時間比率＝大分類比率×中分類比率×小分類比率
　例えば、大分類20％×中分類50％×小分類50％＝5％となります。
・年間業務量は、以下の計算式で算出されます。
　年間業務量（時間）＝年間就業時間×年間業務時間比率
　例えば、年間就業時間は1,800時間で年間業務時間比率が5％だと、1,800時間×5％＝90時間となります。

図表 2-7 業務量調査票（時間比率型）

業務体系						
大分類		中分類			小分類	
	0%					
1	営業計画	0.0%	1	年度営業目標立案	0.0%		
					0.0%		
2	営業活動 （訪問）	0.0%	1	訪問計画立案	0.0%	1	既存客訪問計画立案	0.0%
							2	新規開拓計画立案	0.0%
								0.0%
			2	訪問準備	0.0%	1	資料作成	0.0%
								0.0%
			3	訪問	0.0%	1	既存顧客	0.0%
							2	新規顧客開拓	0.0%
								0.0%
			4	定例会議	0.0%		
			5	現場の下見	0.0%		
			6	配送作業	0.0%		
			7	展示会	0.0%	1	展示会準備	0.0%
							2	展示会実施	0.0%
								0.0%
			8	移動時間	0.0%		
					0.0%		

Step 2 業務を見える化する

⑤調査対象者に調査を依頼する

　調査対象者に調査を依頼します。依頼にあたって調査目的・調査期限・回答方法や不明点の問い合わせ先を説明した業務量調査説明資料を用意し、調査表と一緒に配布するのが一般的です。調査に慣れていない人が多い場合には、対象者全員に集まってもらい記入方法などの説明会を実施すると丁寧です。

⑥調査対象者が調査実施

　調査対象者が業務量調査票に回答します。回答後、「時間積上げ型」の調査の場合、各担当者の年間業務量が年間就業時間実績と比べて適正かセルフチェックをしてもらいます。この方法の場合には、ちょっとした休憩などの時間が含まれていないため、積み上げた合計時間が年間就業時間よりも小さくなります。「年間就業時間の95％≧年間業務量≧年間就業時間の60％」となっていれば適性と判断します。適正値でない場合は、「1回あたり時間」「発生頻度」を見直して、記入漏れの業務がないかを確認し、適正値になる

図表 2-8　業務量調査票(時間積上げ型)の記入例

業務区分						業務量	頻度				年間業務量
No	大分類	No	中分類	No	小分類	1回あたり時間(分)	日	週	月	年	(時間)
1	資金計画	1	資金予算			4,800.0				1	80.0
		2	資金運用			960.0				4	64.0
		3	資金調達			240.0				2	8.0
		4	資金収支			480.0				4	32.0
2	資金管理	1	現金・預金の出納			15.0	8				480.0
		2	資金繰管理			120.0		1			100.0
		3	受取手形管理			420.0			1		84.0
		4	割引手形管理			120.0			1		24.0
		5	支払手形管理			120.0			1		24.0
		6	有価証券管理・保管			15.0		3			37.5
3	債権管理	1	新規取引審査			240.0			2		96.0
		2	契約書管理			20.0	4				320.0
		3	売掛金管理			120.0			1		24.0
4	債務管理	1	買掛金管理			120.0			1		24.0
		2	支払条件変更審査			120.0			2		48.0
		3	債務保証			180.0				4	12.0
5	共通業務	1	出張(移動含む)			960.0			1		192.0
		2	その他庶務			30.0		2			50.0
		3	情報収集			15.0	1				60.0
		4	会議			30.0	1				120.0
									合計		1,879.5

日・週・月・年いずれかの欄に頻度(業務実施回数)を設定する

年間業務量＝1回当たり時間(分)×頻度÷60
頻度は、設定値に次の値をかける
　日：年間出勤日×(1－休暇取得率)
　週：50週　　　月：12カ月

年間就業時間の95％
≧年間業務量
≧年間就業時間の60％が目安

ように修正してもらいます。

⑦業務量調査票の回収とチェック

　業務量調査票を回収し、全調査票が回収されたか回収状況をチェックします。また、各調査票の回答内容に不備がないかチェックし、不備があれば調査票の修正を依頼します。

　「時間積上げ型」の場合は、以下の観点でチェックします。

☐１回あたり時間と発生頻度の値の入力漏れ・ミスがないか
- 発生頻度は、日・週・月・年のいずれか１つの欄に値が設定されているか？
- 異常な値が設定されていないか？
- 明らかにやっているはずなのに値が設定されていない業務はないか？
- 明らかにやっていない業務に値が設定されていないか？

☐年間就業時間と年間業務量の関係チェック
- 年間就業時間の95％≧年間業務量≧年間就業時間の60％になっているか？

　「時間比率型」の場合は、以下の観点でチェックします。

☐大分類合計の時間比率が100％になっているか？
☐中分類の項目ごとの時間比率合計が100％になっているか？
☐小分類の項目ごとの時間比率合計が100％になっているか？

⑧業務量調査の集計

　担当者別の業務量調査結果を集計することで、部門全体での業務ごとの年間業務量を算出します。

Column
目標水準はどれくらいが適正か？

　目標水準はどのくらいが適正なのか？　と聞かれることがあります。

　目的がスリム化の場合だと、業務改善であれば、10〜20％、業務改革活動であれば30％〜50％程度の業務量または人数の低減を目標にすることがほとんどです。スピードの場合には、半減が中心です。ストロングの場合には、目指すところにより、定量的に設定したり定性的に設定したりケースバイケースでしょう。

　しかし、じつのところ、大切なのは数値そのものにこだわることではありません。むしろ、「このくらいにしないと負けてしまう」「このくらいにしないと勝てない」という経営トップやプロジェクトオーナーの想いの方が重要です。達成できそうかどうかではなく、目標数値を元にして、「できる改革のシナリオ」を構築すればよいのです。

　一方のプロジェクトのメンバーは、その目標値を受け入れて、達成可能だと信じていなければなりません。信じられないようなら、オーナーやリーダーにかみつきましょう。とことん議論し、納得して取り組んでください。納得できない「与えられた目標」は「やらされ仕事」になりますが、納得できれば「自分の仕事」になります。メンバー1人ひとりが自分の口調でプロジェクトの必要性や目標を語れるようになれば、プロジェクトは成功したも同然です。

　また、目標設定に際して予算と実績の状況から目標値を設定することもあります。例えば、常に予算達成がされている会社では、必要値＝目標値として必達を目指しますが、予算未達が多い会社では、目標の達成歩留まり（達成率）を想定して、下駄を履かせた高い目標を設定することもあります。

I　業務プロセス改善

業務量の見える化② ABC分析

■ABC分析とは

　業務量調査によって業務ごとの部門業務量を算出した後、一体どの業務から手をつければいいのか、どこまで手を広げるべきか判断に迷うかもしれません。そんなとき、重点対象業務を選定するための分析手法がABC分析（パレート分析）です。

　一般的に、改革・改善対象を選定する際の基準は業務量の大きさになります。なぜなら、効果は改善対象の業務量に比例する傾向があるためです。仮に、業務Aと業務Bの業務量に3倍の開きがあった場合、改革効果も3倍になります。

　ABC分析とは、これらの考えに基づいて業務量を大きい順に並べて改善対象範囲を選定します。具体的には、全体に対する業務量の構成比・上位からの累積構成比を計算することで、業務項目数の上位何％を改善すれば、業務量全体の何％をカバーできるのか明らかにします。「パレートの法則」や「2：8（にはち）の法則」という言葉がよく聞かれますが、実際に、上位20％の業務項目が全体の80％の業務量を占める傾向があります。

　なお、ABC分析では、累積業務量上位80％に達するものをAランク、95％に達するものをBランク、それ以外はCランクと呼び、Aランクの業務項目を最優先改革・改善対象とします。

■ABC分析の手順

①ABC分析のフォーマットを用意する

　業務量の構成比と累積構成比を算出するフォーマットを作成します。累積構成比は、その業務項目までの構成比のすべての合計値になります。

図表 2-9 ABC分析フォーマットの例

業務区分						業務量		
No	大分類	No	中分類	No	小分類	年間業務量（時間）	構成比（％）	累計構成比（％）
5	採用	1	新卒採用	2	採用活動	1,800	25%	25%
5	採用	1	新卒採用	3	採用試験	1,600	22%	47%
5	採用	2	中途採用	3	採用試験	440	6%	53%
5	採用	1	新卒採用	4	内定者フォロー	421	6%	59%
4	給与計算・支給	1	正社員月給計算・支給	1	勤怠確認	410	6%	65%
5	採用	1	新卒採用	1	採用計画	311	4%	69%
4	給与計算・支給	1	正社員月給計算・支給	2	手当計算	230	3%	72%
4	給与計算・支給	2	契約社員月給計算・支給	1	勤怠確認	230	3%	76%
4	給与計算・支給	1	正社員月給計算・支給	4	給与算定	190	3%	78%
4	給与計算・支給	1	正社員月給計算・支給	3	天引き計算	180	3%	81%
6	教育	2	テーマ別研修	1	技術研修	180	3%	83%
3	要員配置・管理	2	要員配置	1	定例異動	130	2%	85%
4	給与計算・支給	1	正社員月給計算・支給	5	給与支給	120	2%	87%
4	給与計算・支給	2	契約社員月給計算・支給	2	手当計算	120	2%	88%
4	給与計算・支給	2	契約社員月給計算・支給	5	給与支給	120	2%	90%
5	採用	2	中途採用	2	採用活動	120	2%	92%
6	教育	1	階層別研修	1	新入社員向け研修	120	2%	93%
4	給与計算・支給	2	契約社員月給計算・支給	3	天引き計算	111	2%	95%
					合計	2,993		

② 業務量の算出結果を降順（多い順）に並べる

　業務量の算出結果を貼り付け、降順（多い順）に並べ、業務量の構成比と累計構成比を算出します。

③改革対象業務を決める

累積業務量上位80%に達するまでの業務をAランクとして改革対象に選定します。Bランク、Cランクの業務でも、業務廃止など手間がかからずに改善できる業務は改革対象業務に含めます。

なお、改革対象業務を決める際に、算出結果の表をもとにグラフ化すると業務量の大きさが可視化され分かりやすくなります。グラフは2軸グラフを使用し、各業務項目の業務量を縦棒グラフ、累積構成比を折れ線グラフで表現します。

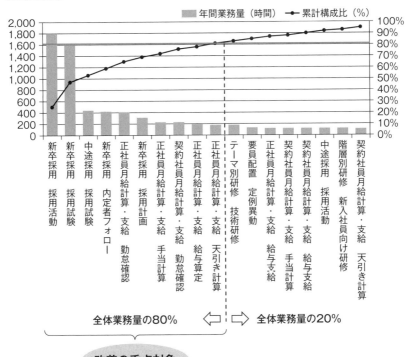

図表 2-10 ABC分析グラフ

業務量の見える化③
ワークサンプリング

■ワークサンプリングとは

　経験見積り法以外の業務量の算出方法の１つとしてワークサンプリングがあります。

　ワークサンプリングは、年間業務量を算出するものではなく、観測日における作業者の業務時間構成比を調べるもので、おもに職場のロスを大まかに把握するために使用される手法です。職場を直接確認するため、現場の様子の実態把握と併せて実施することができます。

　この分析手法では、職場全体の就業時間を100%として、何%が稼働時間（価値を生み出している時間）で何%が非稼働時間（価値を生み出していない時間）かがわかります。おおよその業務別の時間比率などを直接分析する手法としてはそれほど手間をかけずに現状を把握できます。具体的には、職場をランダムに繰り返し観測し、観測時に各人がどんな行動をしているかを観測・記録し、その各項目の観測件数の比率を用いて時間比率化する手法です。

　ワークサンプリングは、少ない工数で広い対象について調査できる特徴があります。

■ワークサンプリングの進め方

①対象となる部門、対象者を決める

　ワークサンプリングを行う部門と対象者を決めます。

②観測項目を設定する

　ワークサンプリングは実施前に観測項目を定義しておく必要があります。

観測項目は、PC操作、コピー操作、電話、書類記入など、目で見てすぐにわかる項目を設定します。なお、項目は細かすぎると観測が困難なため、20項目までに抑える方がよいでしょう。また、この際、各項目が「稼働(価値を生み出している業務)」なのか「非稼働(価値を生み出していない業務)」なのか事前に設定します。

本観測の前にあらかじめ現場観測して、観測項目に漏れがないか確認しておくことをおすすめします。

③観測期間、観測タイミング、回数を決める

まず、観測したい業務の発生サイクル等を考慮して、観測期間を決定します。毎日同じような業務内容・業務構成であれば1日の観測でも構いません。

次に、観測回数を決めます。観測回数(サンプル数)が多いほど精度が高まりますが、観測の手間がかかってしまいます。観測回数は、許容誤差(許容できる相対誤差の範囲)と信頼度を決めることで算出することができます。一般的には、信頼度95%・相対誤差±10%として観測回数を決定します。

観測タイミングについては、通常、ランダムな観測時間を設定します。ランダムな観測時間を設定するのは、観測結果に偏りをなくすためです。例えば、5分、10分、15分、20分……と5分置きに観測した場合、もともと

図表 2-11 観測数の決め方

観測数算出式

$$N = \frac{a^2(1-P)}{S^2 P}$$

N:観測数
a:結果の信頼度95%とするとa=1.96
S:相対誤差=±10%
P:推定発生率… 観測したい業務の推定発生比率40%(仮定)
(予備観測を実施した場合はその時の発生比率を使用する)

〈計算例〉

$$\frac{1.96 \times 1.96 \times (1-0.4)}{0.1 \times 0.1 \times 0.4} = 577回$$

5分サイクルの業務を行っているケースでは、観測結果に偏りが出てしまうためです。

　なお、たまたまタイミングが合ってしまう偶然による偏りをなくすため、複数の巡回経路を用意しておき、ランダムに選んで回るとよいでしょう。

④観測フォーマットを作成する

　観測項目と観測時間を入れた観測フォーマットを作成します。観測シートは、観測時間の長さにもよりますが、1時間に1枚ぐらいで分割して作成すると観測時に使用しやすくなります。

図表 2-12 観測フォーマットの例

ワークサンプリング用紙 (○ 時 ○ 分～ △ 時 △ 分)		観測部署 ○○部 備考							観測日 ○/○			観測者 ○○○○		
作業	観測対象者	1	2	3	4	5	6	7	8	9	10	11	12	計	不具合点
		50分	55分	0分	5分	10分	15分	20分	25分	30分	35分	40分	45分		
基本	PC操作（自）	///	///	////	////	////	//	///	//	//	//	//	//		
	PC操作（他）								/			/			
	指導・依頼対応						//	//							
	電話	/	/		/										
	現金支払機操作								/						
	スキャナ操作	//						/		/					
	プリンタ・FAX他関連	/	/					/		/					
	紙ファイル確認														
	書類チェック										//		//		
	書類記入					//				/		//			
	窓口業務			//	//	//	///	///	//	///	///	///	///		
補助	書類取り出し・整理				//	//	//				/	/			
	片付け														
	朝礼														
	相談・確認（チーム内）										/				
	運搬・歩行			/		//			//		//	/	/		
不稼働	手待ち		/		/	//									
	雑談											/			
	目的不明の離席														
ノーカウント	昼食														
	計														

⑤観測を実施する

　あらかじめ決めた観測時間に、観測対象を観測します。各観測対象者が観測項目のうちのどの項目を実施しているか観測し、記入していきます。

　観測のコツは、現場のある瞬間の写真を撮るイメージで観測することです。

じーっと観測して何をしているのか把握するのでなく、パッと見て観測項目を決めます。観測対象者が5人ならば、同じ時間帯に5つのチェックをつけていきます。

また、観測時に気がついた問題点などを記録しておき、後で改善検討の元データとすることも有効です。

⑥観測結果をまとめる

各業務ごとの観測回数をまとめ、観測項目ごとの発生比率を確認します。また、全体の観測件数に占める「稼働」とされる項目の件数割合（稼働率）を出すことで、価値を生み出している発生比率を確認します。以下の例のように、職場として価値を生み出している仕事（稼動）と価値を生まない仕事（非稼動）の状況を把握することができます。業務改革活動の際には、まず、「非稼動」の業務を改善し、いかに「稼動」の比率を高めるかを検討し、その上で「稼働」の中で発生比率が高いものを重点改革対象として、具体的な中身を確認していきます。

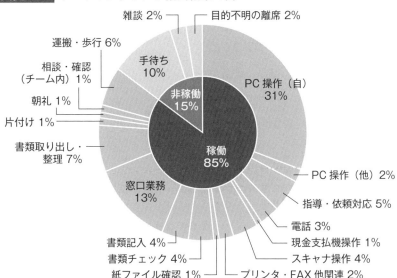

図表 2-13　ワークサンプリング観測結果の例

5

業務量の見える化④
タイムスタディー

■タイムスタディーとは

　業務量の算出方法として、「経験見積り法」以外に、「タイムスタディー」と呼ばれる手法があります。タイムスタディーは、ストップウォッチによる直接の測定やビデオ撮影の結果を確認することにより、1回あたり時間を測定する方法です。

　何度かお伝えしているように、オフィスワークの職場では業務種類数が多いため、すべての業務についてタイムスタディーを行うのは現実的ではありませんが、伝票処理など繰り返し性が高く、大量な件数を処理する必要がある仕事など、一部の業務についてはタイムスタディーが適しています。特に、正確に1回あたり時間を測定し、基準時間を設定したいという場合に有効な手法です。

■タイムスタディーの進め方

①対象業務の明確化

　タイムスタディーを行う対象業務を決めます。特に、業務の始点と終点を決めておくことで、対象範囲をより明確にしておきます。

②観測方法の決定

　ストップウォッチで時間を測定するのが、ビデオ撮影して時間を測定するのか観測方法を決めます。ストップウォッチ測定は気軽に時間を測定でき、観測対象者も普段通りに業務を行いやすい特徴があります。ビデオ撮影の場合は、後から作業時間を確認できるとともに、改善検討の際に繰り返し業務を確認できるメリットはありますが、準備や観測時間計測に時間がかかった

り、観測対象者が緊張して普段通り業務を行いにくいといったデメリットもあります。

③観測回数の決定
　対象業務について何回観測するか決めておきます。異常値を除く、平均的な時間を観測するため、10回程度行うのが一般的です。

③観測対象者の決定
　対象業務を複数人が実施している場合、観測対象者（誰を観察するか）を決定します。観測対象には、熟練経験者を選びます。なお、スキルのバラつきを確認する目的で全員観測を行い、その1回あたり時間の違いを確認することもあります。

④観測の実施
　ここまでに決めた、観測業務、観測方法、観測回数、観測対象者に沿って、観測を実施します。その際、観測対象者には、いつもと同じように作業することを心がけてもらいます。
　なお、観測時に見落としてしまう、またはお客様や同僚から声をかけられて作業が中断するなどのイレギュラーがあった場合は、ノーカウントとして、再度観測します。

⑤1回あたり時間の決定
　複数回の観測結果から1回あたり時間を決定します。1回あたり時間の決定の仕方は、以下のようにいくつかあります。
　　a．平均値：全観測値の最大値と最小値を除いた平均値
　　b．最多値：最も出現頻度の高い値
　　c．最小値：最も小さい（速い）値
　　d．1／4選択値：全体観測値の中で最小値から25％の値
　　　（10回の観測値で3番目に小さい値）
　一般的にはaの平均値か、dの1／4選択値を採用することが多いです。

6

業務分担の見える化

■業務分担を明確にするメリットとは

　次は、部門内の業務分担の見える化です。これには、どんなメリットがあるのでしょうか？

　まずは、あたりまえですが、各担当者の現在の担当業務が明確になります。業務分担が見えることで属人化状況も把握できるようになります。そうなると、バックアップできる人材を育てたり・マニュアルを作成することによって業務継続できないリスクを下げていくことができます。

　また、各担当者の経験や能力を踏まえた上で、求める役割と、担当業務の内容にアンマッチがないか確認できます。その結果、より高いレベルの仕事を担当してもらえるように業務移管することで、アンマッチを防ぐだけでなく、担当者の成長を促すことにもつなげられます。

　業務分担を見える化するにあたっては、業務体系表（57頁、図表2-1）を活用します。

　また、業務量調査を実施済みで各メンバーの担当業務ごとの業務量が把握できている場合は、「業務マップ」という形で業務分担を見える化する方法があります。業務マップは、業務体系表の右側に「部門の全メンバーの名前」の欄を設けます。各業務項目では、担当業務に○印ではなく、業務量を記載します。業務マップでは、業務分担だけでなく、業務量まで1つの表で把握できる非常に有益な表になりますので、業務量調査を実施した場合は、業務マップまで作成することをおすすめします。

I 業務プロセス改善

図表 2-14 業務分担表の例

	業務区分					担当者				
No	大分類	No	中分類	No	小分類	A	B	C	D	E
1	人事計画	1	部門年度方針			◎	○			
2	人件費管理	1	年間人件費計画			◎				
		2	人件費予実管理			◎		○		
3	要員配置・管理	1	要員計画	1	要員計画立案		◎		○	
				2	採用計画立案		◎		○	
		2	要員配置	1	定例異動		◎	○	○	○
				2	人事異動（定例外）				◎	○
				3	新人配属				◎	○
		3	要員フォロー	1	休職者・復職者フォロー				◎	○
				2	時短勤務者フォロー				◎	
				3	出向管理				◎	
4	給与計算・支給	1	正社員月給計算・支給	1	勤怠確認		○		○	
				2	手当計算		○		◎	
				3	天引き計算		○		◎	
				4	給与算定				◎	
				5	給与支給				◎	
		2	契約社員月給計算・支給	1	勤怠確認		○		○	
				2	手当計算		○		◎	
				3	天引き計算		○		◎	

図表 2-15 業務マップの例

No	大分類	No	中分類	No	小分類	業務量							業務量合計	業務時間比率
						大谷	新井	田中	小澤	木村	野本	金子		
1	人事企画	1	就業規則管理			30		24	120				174	1.7%
		2	人事制度設計・管理	1	人事制度設計	160							160	1.5%
				2	人事制度管理	60		120					180	1.7%
2	人材配置	1	組織改正	1	組織改正	15				36			51	0.5%
				2	組織図管理			42					42	0.4%
		2	新卒配属	1	新卒仮配属			30					30	0.3%
				2	新卒本配属			30					30	0.3%
		3	人事異動	1	定例人事異動	36		49	120				205	2.0%
				2	定例外人事異動				3				3	0.0%
				3	役員人事	20		12					32	0.3%
				4	転勤対応			12					12	0.1%
		4	出向管理	1	国内	4		24		35		34	97	0.9%
				2	海外	2			30				32	0.3%
		5	海外関連会社	1	従業員受け入れサポート					20		32	52	0.5%
		6	海外赴任	1	海外赴任対応（社員・家族）						120		120	1.1%
				2	海外帰国時対応（社員・家族）						7		7	0.1%
3	新卒採用	1	新卒採用	1	企画・方針検討		120	60					180	1.7%
				2	募集		150	100					250	2.4%
				3	選考	80	200	130	20				430	4.1%

■業務マップの６つの見方

①業務の体系を見る

　業務体系表の業務項目が載っており、部門内の業務項目を把握できます。

②業務ごとに時間を見る

　各業務項目について各担当者の業務量の合計値を載せておくことで、部門合計の業務量を把握できます。部門の中で業務量が多い業務はどれで、どれくらいの業務量なのか確認できます。

③個人別に時間を見る

　各個人の業務量合計を比較することで、各個人の業務負荷状況を把握できます。担当者間に時間のばらつきがある場合には、その要因を検討し、分担変更など必要な手を打つことができます。

④業務ごとに分担を見る

　各業務項目ごとに業務量が入っている担当者を確認することで、何人で担当している業務なのか、各担当者の業務量にどれくらいのバラつきがあるのかを把握できます。その結果、属人化解消、業務負荷平準化、一担当者に業務集中させるといった分担変更の見直しを考えていくことになります。

⑤個人別に担当業務を見る

　個人ごとに縦に見ることで、各個人が担当している業務項目を把握できます。その結果、業務が細かく分かれすぎていて業務遂行の責任があいまい・非効率になっている・達成感を得ることができないといったことがある場合は、分担範囲の適正化を検討していくことになります。

⑥職制・経験と担当業務を見る

　個人ごとに縦に見ることで、各個人が担当している業務項目を把握できます。その結果、職制・経験に合った業務分担になっているか見直しができます。例えば、経験がある担当者が判断が伴わない定型作業を行っている場合は、その業務を他の経験値の低い担当者にまかせて、本人はより判断やスキルが必要な業務にシフトさせていくことを考えます。

　また、経験の浅い担当者に、徐々に責任や難易度が高い仕事を与えていくことで人材育成するといった、業務分担変更も考えていくことができます。

図表 2-16 業務マップの6つの見方

①業務の体系を見る

■部門の業務の全体・全容を把握する上ですっきりした分類になっているか、どこがすっきりしていないかを確認する。

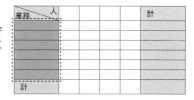

②業務ごとに時間を見る

■時間の大きい業務を優先的に検討した方が効率がよいので、どの業務の時間が大きいかを確認する。

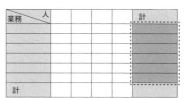

③個人別に時間を見る

■個人別の時間のばらつきが
　①担当業務の性格の違い
　②業務遂行スキルの違い
　③時間見積りの甘さ
の違いのどれに起因しているか確認する。

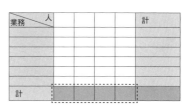

④業務ごとに分担を見る

■相互の応援や分担替えが可能かどうかを標準化や属人化の程度等の視点から検討する。

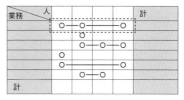

⑤個人別に担当業務を見る

■各人にとって
　①達成感の得られた適切な分担か
　②業務を責任をもって遂行できる適切な分担か
などの視点から検討する。

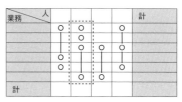

⑥職制・経験と担当業務を見る

■適切な業務分担になっているかを
　①業務成果上
　②人材育成上
の2つの視点から検討する。

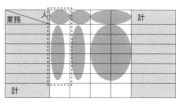

> # 7

部門間の機能重複の見える化

■機能ポジショニングマップとは

　部門内の業務改善ではなく、複数部門での業務改革を行う場合は、まず各部門が担当している業務機能の見える化を行います。見える化の方法として、「機能ポジショニングマップ」が挙げられます。
　「機能ポジショニングマップ」は、事業を遂行するために必要な一連の機能、または、本社として必要な機能という視点で、どの部門がどの機能を担っているか全体像を描き、部門間での機能の重複の有無や分担上の問題点を見つけ出すためのツールです。
　各部門の役割分担が明確で、「自部門の役割分担をしっかりと行っていればよい」といった縦割り意識が強い会社では、顧客要望など外部環境の変化に応じ、各部門で変化対応をし、業務の変更や追加を行っていく結果として、部門間の業務の重複が発生したり、本来やるべきことがなくなってしまったりすることがあります。
　そのため、ときには部門を横断的に「機能」というレベルで見渡し、どの部門で、どんな機能を担っているのかを明らかにし、その上で重複業務の排除、部門間の分担の見直し、組織の再編成等を検討する必要があります。
　「機能ポジショニングマップ」は縦軸または横軸どちらかに部門名を並べ、もう1つの軸に業務機能を並べた表を作成します。その後、各部門が担当している業務について、○印や色付けで星取りをしていきます。

I　業務プロセス改善

図表 2-17 機能ポジショニングマップの例

機能区分	機能	本社部門													全国販売会社			
		本社営業統括部				東日本営業部				西日本営業部				販社部門			
		第一営業課	第二営業課	営業技術課	新規事業課	第一営業課	第二営業課	仕入調達課	営業事務課	営業課	営業企画課	仕入調達課	営業事務課	営業部	技術設計部	技術支援部	業務管理部
マーケティング	市場探索					●	●	●		●	●	●		●			
	商品開発（商品企画）支援	●	●			●	●			●	●						
	価格設定			●		●	●										
	プロモーション計画・実施	●	●	●	●	●	●	●		●				●			
	営業ツール作成	●	●	●		●	●	●		●	●			●			
	マーケティング管理	●	●						●				●				
セールス	仕入・調達		●		●			●				●					
	初期訪問・初期提案	●	●			●	●			●				●			
	商品仕様の作成		●	●						●				●	●		
	見積作成	●	●			●	●		●	●				●			●
	本提案および受注折衝		●			●	●			●				●			
	契約締結（受注）	●	●			●	●			●				●			
	債権回収								●				●				
	最終納入仕様の確定		●			●	●			●							
	営業担当者教育		●			●	●	●									
	セールス計画策定				●	●	●				●						
	セールス管理	●	●	●		●	●	●	●		●	●	●	●			●

■機能ポジショニングマップ作成の進め方

①対象部門の明確化

　まず、機能分担状況を把握する対象部門の範囲を明確にします。対象部門を決めるにあたって、まずは検討機能の範囲を決めます。「事業全体を見渡す」のか、「事業の一部の機能（例えば、営業機能、開発機能）を見渡す」のか、「本社として必要な機能を見渡す」のかということです。この検討機能の範囲を決めることで、おのずと関わってくる対象部門が明確になります。

②必要な業務機能を定義する

　事業全体を見渡して部門ごとの機能分担の見える化をする場合、自社の事業を遂行するために必要な機能を整理します。この場合、代表的な事業プロセスや代表的な本社の機能構成を参考に、各プロセスを1レベル詳細化するイメージで機能定義をしていきます。

　参考までに本社全体の機能定義をした例も示しておきます。

図表 2-18 代表的な事業プロセス

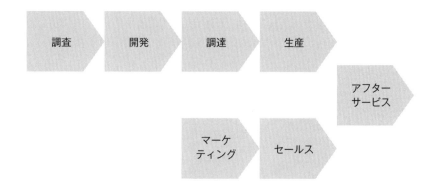

図表 2-19 本社の機能構成

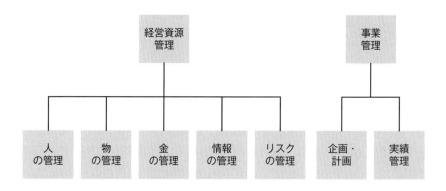

③部門ごとの業務機能分担を整理する

　部門名と業務機能名を整理した「機能ポジショニングマップ」のフォーマットを用意し、定義したそれぞれの機能に対して、各部門が担っている箇所に「○」を記入していきます。各部門に業務体系表や業務分担表がある場合は、参考にしながら「○」を記入していくと漏れが発生しにくくなります。

　機能ポジショニングマップが作成できたら、各機能の集中・分散状況を確

I 業務プロセス改善

図表 2-20 本社の機能定義の例

機能体系表				No	定義
資源管理	人	管理業務・庶務		1	部門内管理、管轄内管理、一般的庶務
		人事・労務機能	職員の採用・配置・異動	2	事業運営に必要な人材構造を構築し、採用形態を多様化した採用を行う
			人事評価・人事制度	3	事業運営、目標に沿った個人の行動・成果を適正に評価を行い昇給・昇格に反映する
			職員教育	4	教育体系を構築し、事業運営に必要な人材の育成を行う
			就業規則・労使折衝・関連会社折衝業務	5	労働基準法および労使協議に則り、従業員に対する、就業のルールを設定する
			賃金制度管理	6	労務人事環境に沿った、賃金の水準および制度の設定を行う
			退職者対応	7	退職者の退職金計算、その他実務上の処理を行う
			服務	8	就業・服務に関する精査・情報管理を行う
			非正規職員採用・契約・管理	9	正規職員以外（派遣・パート・アルバイト等）の人の採用、契約、管理を行う
		福利・厚生機能		10	職員の福利、厚生、文化環境および職員の健康の整備、推進を図る
		秘書機能		11	経営者に対する秘書を行う
		労働安全機能	労働環境	12	業務を遂行するため良好な環境を実現する
			防災・防犯	13	天災、交通事故、火災、水害などの災害・国内・海外での犯罪から職員および関係者の生命を守る
		規定管理	社内規定類管理	14	規定類の整備および改廃処理を行い、規定を適正な状態に保つ
			契約管理・法務	15	事業運営上で発生する契約管理、法的懸案事項のとりまとめ、法的対応を行う、あるいは専門家との調整を行う
	物	施設・不動産管理機能	不動産	16	土地・建物等が事業遂行に適する状態を保つ
			施設・設備・備品	17	設備・施設（情報機器含む）、備品を手配し、事業遂行に適する状態を保つ
		厚生施設管理	職員住宅・寮	18	社宅・寮の確保、維持、貸与を行う
		資・機材調達	調達戦略・戦術の策定推進	19	より低価格で物品を購入するための、仕組みおよび購入先の開拓、および購買方針の策定
			調達関連情報管理	20	事業遂行のために必要な物品を適正価格で購入するための基準や業者・価格情報の管理
			調達先決定（入札）および契約	21	規定、ルールに則した購買先の決定（入札等）および、契約行為の実施
			物品調達以外の契約・管理	22	業務委託・レンタル・リースなどのコスト・品質・納期の向上をねらいとした契約業務
	金	経理（入金・出金）	給与・退職金・年金管理	23	給与・退職金の計算と支給を行う
			社会保険・各種団体保険関連	24	職員の雇用に必要な保険の算定と保険加入を行う
			現金の保管、出納	25	現金の出納および現金の管理を行う
			会計帳簿、伝票の処理・精査・保管	26	会計処理を行い、その結果を保管し、いつでも遡及できる状態を保つ
		管理会計	会計制度の維持と改善	27	会計制度およびシステムの維持と、より効率的な処理方法の改善を行う
			決算に基づく経営資料の作成	28	適正かつタイムリーな経営的判断・決断を行うための経営資料を作成する
			事業採算計算	29	事業個々の費用と収入を計算し、事業の採算性、投資効果などの判断に供する
			予算要求および管理	30	適正な予算立案および予算執行の管理を行う
		財務会計	決算および財務諸表作成	31	会計ルールに則った決算資料および財務諸表の作成を行う
			決算書類の検査	32	作成した決算関係書類の妥当性の確認、外部専門家との調整を行う
		税務	税務計算関連業務	33	決算結果に基づいて、該当する税金の特定、納税額の算出、納税等を行う
		資産管理	債権・債務管理	34	会計ルールに則り、債権および債務の管理を行う
			資産管理	35	保有する資産の現品および帳簿の管理を行う
			資金計画と調達および運用管理	36	事業を行うために必要な資金の計画と廉価な調達および効率的な運用を行う
			為替リスク回避業務	37	海外との資金移動、海外資産などにおいて、その為替やカントリーリスクの評価、対応を図る
	情報	内部情報管理	経営情報	38	経営者に対する経営上の情報共有を行う
			一般情報	39	職員に周知すべき情報の収集や伝達を行う
			情報システムの開発・運営	40	経営業務効率化および必要な情報が迅速に入手できるシステムの開発を行い、実現する
		広報		41	企業方針や活動内容を情報公開したり、PRする
事業管理	企画・計画（PLAN）	中・長期運営計画の策定	将来像策定	42	事業の長期、中期の姿を描き、その実現に向けた関係先への調整、実現への具体的施策を立案する
			新規事業企画	43	事業の長期、中期で不可欠となる事業を立案する
			経営資源計画	44	事業の長期、中期に目指す姿を実現するために、必要となる拠点、経営資源を見積り、その調達の計画を作成する
			事業・業務運営の効率化計画	45	各業務が効率的な方法で行われるための業務改善を企画・立案する
		単年度計画の策定	単年度事業計画の策定	46	当年度に実施すべき事業を決定する
			経営資源の配分	47	当年度に実施すべき事業を行う上で必要となる資源を算出し、その配分を行う
			事業・業務運営の効率化計画	48	各業務が効率的な方法で行われるための業務改善を企画・立案する
	評価（SEE）	新規事業企画	測定	49	新規の事業についての成果の測定方法を設定し、その成果を測定する
			評価	50	測定した成果に基づいて、その有効性などの評価を行う
		既存事業管理	実施	51	事業の実施
			測定	52	前年度からの継続事業について、その成果を測定する
			評価	53	測定した成果に基づいて、その有効性などの評価を行う
リスク管理	リスク管理方針策定			54	リスクをどのように管理するかの対応策の企画・立案をする
	内部監査実施			55	社内の担当者により、経営責任者の行動の正当性、会計の適正を業務監査、会計監査として行う
	外部監査対応			56	社外の担当者により、経営責任者の行動の正当性、会計の適正を業務監査、会計監査として行う

Step 2 業務を見える化する

認します。確認する際は各部門が果たすべき役割・ミッションから、現在の機能が適切かを見ていきます。

　具体的な改革・改善方向としては、複数部門で機能重複しているところは集中化することで効率化や統制強化ができないかなどを検討します。また、

図表 2-21 機能ポジショニングマップ分析例

			営業戦略策定／営業企画																	
			実績データ収集	引合受注情報収集	需要予測データ集計・分析	売上・利益目標設定	販売重点顧客設定	予算策定案	営業進捗管理	見積原価基準設定	実行予算立案基準設定	見積書作成基準設定	契約書作成基準設定	受注承認基準設定	申請書作成基準設定	引き合い受付	与信管理（与信枠確認）	商談準備	現場調査	エンジニアアサイン依頼	商談（n回）	提案書作成	回線接続確認依頼	見積原価積算（内作）	見積依頼（仕入・外注）
顧客																								
営業本部	営業統括																							
	プロダクトマーケ室																							
	営業1部	1課	営業担当																					
			営業事務																					
		2課	営業担当																					
			営業事務																					
	営業2部	1課	営業担当																					
			営業事務																					
		2課	営業担当																					
			営業事務																					
	営業3部	1課	営業担当																					
			営業事務																					
		2課	営業担当																					
			営業事務																					
		3課	営業担当																					
			営業事務																					
	公共営業部																							
	業務推進	1課																						
		2課																						
		CRM																						
		NIC																						
		請求																						
ソリューション本部	ネットワークインテグレーション	1課																						
		2課																						
		3課																						
	ソリューションサービス部	ネットワークエンジニアリング課																						
		セキュリティエンジニアリング課																						
		オペレーションサービス課																						
		リセールサービス課																						
		ソリューションサポートセンタ																						
ネットワークサービス本部	サービスオペレーション部	アプリケーションサービス1課																						
		アプリケーションサービス2課																						
		アプリケーションサービス3課																						
		コンシューマサービス課																						
		ネットワーク技術課																						
		ネットワークサービス1課																						
		ネットワークサービス2課																						
管理本部	法務部																							
	経理部																							
	購買部																							

注記:
- 営業関連基準類の整備部門は集約する
- 既存顧客で担当に直接依頼がくるもの以外は窓口を一本化する
- 営業書類の作成基準類整備担当は、集中化
- 受け付けた担当が登録することを基本とする。更新情報登録は担当営業

1つの部門に集中している機能については、充分な専門性を有しているか、統制が働いているか、各現場部門で担当した方が顧客対応レベルの強化や納期対応面でメリットがあるのではないかといった視点で分散の方向性も考えていきます。

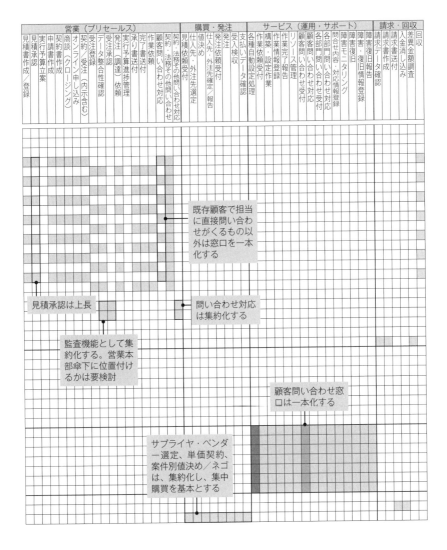

図表 2-22 機能ポジショニングマップ分析例（業務量）

組織（プレイヤー） \ 業務機能（業務項目）		事業計画策定							月次管理				
		1 事前準備・策定指示・依頼	2 受注計画策定	3 収支計画策定	4 人員計画策定	5 投資計画策定	6 承認（自組織内）	7 上位組織への報告	1 受注差分分析	2 収支差分分析	3 例月人員報告	4 人員計画モニタリング	5 月次管理検討・承認（自組織内）
○○○○事業本部	○○部	359	654	259	156	60	442	924	1,143	241	51	0	1,961
	△△部	674	601	526	593	247	711	876	3,623	1,352	64	87	1,151
××××事業本部	○○部	744	51	553	264	106	342	303	262	2,315	0	33	723
	△△部	680	177	1,298	105	119	439	767	141	1,608	131	21	599
	□□部	608	124	825	271	97	258	243	327	2,121	28	83	593
△△△△事業本部	○○部	740	347	514	92	130	775	750	180	1,715	106	104	1,103
	△△部	675	969	1,498	324	483	689	969	1,878	3,366	758	339	881
	□□部	304	293	584	27	87	71	317	593	1,504	0	263	498
□□□□事業本部	○○部	847	534	675	120	41	495	668	1,571	1,425	0	20	804
	△△部	399	7	80	7	57	307	272	283	1,940	0	0	1,306
	□□部	328	407	917	107	103	154	748	433	2,629	170	18	1,321

- 業務量全体の100%〜25%
- 業務量全体の25%〜20%
- 業務量全体の20%〜15%
- 業務量全体の15%〜10%
- 業務量全体の10%〜5%
- 業務量全体の5%〜0%

※業務量調査（63頁参照）で得た数字を使って作成する。

> 業務量で機能ポジショニングマップを作成する場合に、業務項目ごとに全体の業務量を100%として、どの部門がどれぐらいの比率で時間を割いているのかをセルの色の濃さで表現すると視覚的にもわかりやすくなります。

　また、業務量調査を実施済みの場合は、「機能ポジショニングマップ」における機能分担を○付けではなく、業務量で整理することもできます。この場合、業務機能は業務量調査の中分類単位とします。

　業務量で記載し、各部門の業務量が把握できることで、より詳細に集中・分散の改革検討ができるようになります。具体的には、業務量が少ない部門から業務量が多い部門へ集中化を行った場合、集中化される部門の業務量がどれくらい増えるのかといったことまで見通して、改善検討を行うようになります。

部門の業務特性の見える化

■業務特性を把握するメリットとは

　業務改革・改善の検討をする際に必ず押さえておくべきことの1つに、部門で行っている業務の特性が挙げられます。それは、業務特性に応じて業務改革の方向性が異なるからです。どのような特性の業務が多いか、その職場の特徴を把握することで、効果的な改革ポイントの推定や改善余地の想定ができるようになります。

　例えば、他部門からの依頼が多い部門では、改善のために他部門への協力が必要だと推察できますし、また、どの程度協力してもらえるかによって改善余地も推測できます。

　また、定型的な業務が少ない部門では、定型業務の改革よりも非定型業務の改革を行う方が効果的だということがわかります。

　部門の業務特性を把握するには、業務ごとに特性区分を設定して、業務特性別に業務量を集計を行います。

■進め方(1) 業務特性区分を決める

　部門の業務体系表をもとに、各業務項目について業務特性区分を設定していきます。それにあたって、まずは業務特性区分を設定するための視点を定めます。この視点はおもに5つあり、目的に応じて使い分けます。なお、業務特性区分の設定視点は1つである必要はなく、目的に応じて複数設定して構いません。

①業務タイプによる業務特性区分

　業務を実施する際の業務の性格による区分として、「求められる裁量（自

己判断・責任）の大きさ」と「求められる習熟性（慣れ・知識・頻度）の大きさ」の2軸で分けた以下の4つの業務タイプに分類します。
　4つの業務タイプはそれぞれ改革・改善の方向性が異なります。そのため、部門の業務が4つのタイプのいずれかを区分し、業務量集計をすることで、その部門として重視すべき改善アプローチや改善ポイントを明らかにできます。

- **定型型業務**
    業務手順の改善、業務手順の標準化、システム化
- **ナレッジ集約型業務**
    担当者の専門スキルアップ、ナレッジマネジメント
- **マネジメント型業務**
    担当者のマネジメントスキルアップ、判断基準の整理
- **戦略・企画型業務**
    戦略・企画検討視点の整理、過去資料の共有

　また、業務分担の見直しの方向性としては、役職者や経験豊かな正社員は、求められる裁量が高い業務タイプである「戦略・企画型業務」「マネジメント型業務」の時間比率を高めるようにしていきます。求められる裁量が低い業務については、標準化を前是として、契約・派遣社員などの非正規社員への移管や外部委託化を検討していきます。

②業務の依頼元による業務特性区分

　業務の依頼元が自部門か他部門かにより業務特性を区分します。依頼元が自部門の業務は、業務のアウトプット（結果）を変えても構わないので、業務改革・改善はやりやすくなります。
　一方、他部門からの依頼業務は、業務のアウトプットを変える場合には、依頼先の理解と協力が必要になるので、改善を行うにあたって手間がかかる面があります。

I　業務プロセス改善

図表 2-23 業務タイプによる業務特性区分

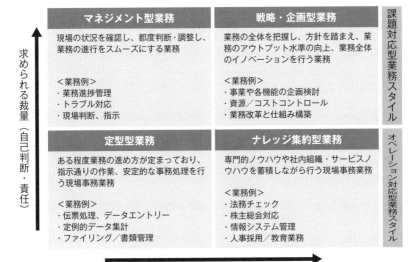

図表 2-24 依頼元による業務特性区分

	依頼元	内容
1	自部門	自部門のために自部門内で処理する業務
2	他部門	他部門の依頼に基づいて実施する業務

③業務の発生頻度による業務特性区分

　業務の発生頻度・発生サイクルにより業務特性を区分します。発生頻度の多い業務ほど改善効果は得やすいという特徴があります。

図表 2-25 発生頻度による業務特性区分

	発生頻度による 業務特性区分	内容
1	日次業務	毎日定期的に、または平均して日に1度以上発生する業務
2	週次業務	毎週定期的に、または平均して週に1度以上発生する業務
3	月次業務	毎月定期的に、または平均して月に1度以上発生する業務
4	年次業務	毎年定期的に、または平均して年に1度以上発生する業務
5	1年以上	数年に1度、定期的に発生する業務
6	スポット	不定期に発生、または1度限りの業務

④意思決定者による業務特性区分

業務遂行上の主な意思決定者が誰かという視点により業務特性を区分します。業務改革を行う際に、巻き込むべき人（役職レベル）が判断できます。

図表 2-26 意思決定者による業務特性区分

	意思決定者	内容
1	担当者判断	担当者の判断で実施可能な業務
2	部長・課長判断	部課長の判断・決裁が必要な業務
3	役員判断	役員の判断・決裁が必要な業務

⑤業務量の変動性による業務特性区分

業務量が固定的か変動的かによって業務特性を区分します。例えば、朝礼・定例会議などは業務量が変動しない固定的業務です。伝票処理は処理件数などに比例して業務量が増減するので変動的業務となります。

併せて、伝票処理枚数など業務量が変動する要素を把握しておくことで、今後の部門の業務量の変動予測することができます。

I 業務プロセス改善

図表 2-27 業務量の変動性による業務特性区分

	業務量変動性	内容
1	固定的業務	業務量があまり変動しない業務
2	変動的業務	ある特定要因の変動に合わせて、業務量が変動する業務

■進め方(2) 各業務項目について業務特性区分を設定する

部門の業務体系表の右側に、業務特性区分の欄を設定し、各業務項目について業務特性区分を設定していきます。

図表 2-28 業務体系表における業務特性区分の設定例

業務区分							業務量	業務タイプ				発生頻度	依頼元	意思決定者	業務量変動
No	大分類	No	中分類	No	小分類			定型	ナレッジ	マネジメント	戦略企画				
1	人事計画	1	部門年度方針			60					○	年次業務	自部門	部長	固定
2	人件費管理	1	年間人件費計画			320					○	年次業務	他部門	役員	固定
		2	人件費予実管理			120				○		月次業務	自部門	部長	固定
3	要員配置・管理	1	要員計画	1	要員計画立案	60					○	年次業務	自部門	部長	固定
				2	採用計画立案	80			○			年次業務	自部門	部長	固定
		2	要員配置	1	定例異動	120				○		年次業務	自部門	部長	固定
				2	人事異動(定例外)	230				○		スポット	自部門	部長	変動
				3	新人配属	100				○		年次業務	自部門	部長	固定
		3	要員フォロー	1	休職者・復職者フォロー	140			○			月次業務	自部門	課長	変動
				2	時短勤務者フォロー	80			○			月次業務	自部門	課長	変動
				3	出向管理	120	○					月次業務	自部門	課長	変動
4	給与計算・支給	1	正社員月給計算・支給	1	勤怠確認	130	○					月次業務	自部門	担当者	固定
				2	手当計算	410	○					月次業務	自部門	担当者	固定
				3	天引き計算	230	○					月次業務	自部門	担当者	固定
				4	給与算定	230	○					月次業務	自部門	課長	固定
				5	給与支給	190	○					月次業務	自部門	課長	固定
		2	契約社員月給計算・支給	1	勤怠確認	180	○					月次業務	自部門	担当者	変動
				2	手当計算	120	○					月次業務	自部門	担当者	変動
				3	天引き計算	120	○					月次業務	自部門	担当者	変動
				4	給与算定	120	○					月次業務	自部門	課長	変動
				5	給与支給	120	○					月次業務	自部門	課長	変動

Step 2 業務を見える化する

■進め方(3)業務特性区分ごとの業務量の集計

業務量調査結果をもとに、業務特性ごとに業務量を集計します。視覚的にわかりやすくなるように、円グラフや帯グラフなどにして特性別の業務量の比率がぱっと見てわかるようにします。

以下（図表2-29）は、図表2-23〜26をまとめた例になります。

図表 2-29 業務特性区分ごとの業務量集計例（図表2-28を参照）

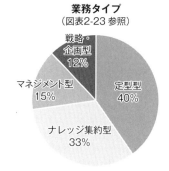

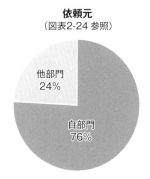

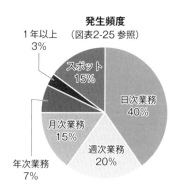

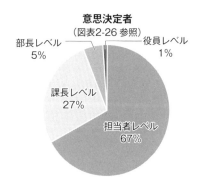

9 スキルの見える化

■業務体系表を活用する

属人化解消や業務負荷平準化のための業務分担変更を行うためには、まずは部門メンバーの各業務の業務遂行スキルが見えている必要があります。また、スキルが見える化されることにより各メンバーの教育計画の立案に活用することもできます。

スキルを見える化するためには、57頁で紹介した業務体系表を活用します。業務体系表の右側に「メンバーの名前」の欄を設けて、業務遂行できるスキルがある業務について○を付けていきます。

図表 2-30 業務スキル表（○付け版）の例

No	大分類	No	中分類	No	小分類	Aさん	Bさん	Cさん	Dさん	Eさん
1	人事計画	1	部門年度方針			○				
2	人件費管理	1	年間人件費計画			○				
		2	人件費予実管理			○				
3	要員配置・管理	1	要員計画	1	要員計画立案	○				
				2	採用計画立案	○				
		2	要員配置	1	定例異動	○			○	○
				2	人事異動（定例外）				○	○
				3	新人配属				○	
		3	要員フォロー	1	休職者・復職者フォロー				○	
				2	時短勤務者フォロー				○	
				3	出向管理			○	○	
4	給与計算・支給	1	正社員月給計算・支給	1	勤怠確認	○			○	
				2	手当計算		○	○		
				3	天引き計算		○	○		
				4	給与算定		○	○		
				5	給与支給	○	○	○		○
		2	契約社員月給計算・支給	1	勤怠確認	○			○	
				2	手当計算		○	○		
				3	天引き計算		○	○		
				4	給与算定		○	○		
				5	給与支給	○	○	○		○

業務遂行スキルを、単純にできるか、できないかといった観点で○×を付けるのではなく、どの程度の水準で業務遂行できるのかといったレベルを区分して整理する方法もあります。

次に、このスキルレベルでスキルを見える化する方法を説明します。

スキルレベルを設定する視点には2つあります。1つめの視点は、「業務遂行範囲」です。その業務項目について、すべて業務遂行できるのか、一部しか業務遂行できないのかといった、業務遂行ができる範囲です。

2つめの視点は、「業務遂行レベル」です。メンバーが行える業務遂行範囲について、どの程度の品質・効率性で仕事ができるのかということです。

この2つの視点をそれぞれ3段階（A～Cおよび1～3）でレベル評価し、組み合わせることで9段階でスキルレベルを見える化します。

図表 2-31 業務スキル設定の考え方

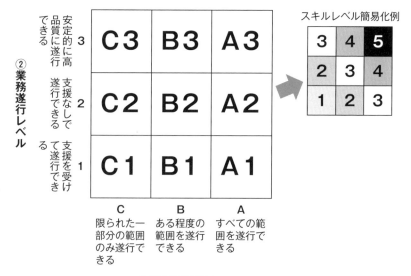

なお、スキルレベル「A1」「B2」「C3」と定義するとわかりづらいため、図表2-31の右上のように「C1はスキルレベル1」「B1とC2はスキルレベル2」とするなど、最終的には1～5の5段階のスキルレベルに置き換えて、スキルを管理するのが一般的です。

そのために「業務遂行範囲（A～C）」と「業務遂行レベル（1～3）」を入力したら、スキルレベルが関数で自動表示されるExcelの業務スキル表を使用します。また、スキル保有人数と平均スキルも合わせて管理しておくと、属人化状況がひとめで確認できるだけでなく、「業務を行える人が数多くいるが、平均スキルレベルが低いので底上げが必要」といったことも見えるようになります（図表2-32）。

図表 2-32 業務スキル表（スキルレベル版）の例

業務分類						担当														スキル保有人数	平均スキル
						Aさん			Bさん			Cさん			Dさん			Eさん				
No	大分類	No	中分類	No	小分類	スキルLv	遂行範囲	遂行Lv	スキルLv	遂行範囲	遂行Lv	スキルLv	遂行範囲	遂行Lv	スキルLv	遂行範囲	遂行Lv	スキルLv	遂行範囲	遂行Lv		
1	人事計画	1	部門年度方針			4	A	2													1	4
2	人件費管理	1	年間人件費計画			4	A	2													1	4
		2	人件費予実管理			4	A	2													1	4
3	要員配置・管理	1	要員計画	1	要員計画立案	3	A	1													1	3
				2	採用計画立案	3	A	1													1	3
		2	要員配置	1	定例異動	4	A	2							5	A	3	3	B	2	3	4
				2	人事異動（定例外）										4	A	2	3	B	2	2	3.5
				3	新人配属										4	A	2	3	B	2	2	3.5
		3	要員フォロー	1	休職者・復職者フォロー										3	A	1				1	3
				2	時短勤務者フォロー										3	A	1				1	3
				3	出向管理				5	A	3				1	C	1				2	3
4	給与計算・支給	1	正社員月給計算・支給	1	勤怠確認	3	B	2							3	B	2	3	A	1	3	3
				2	手当計算				4	A	2	2	C	2							2	3
				3	天引き計算				4	A	2	3	B	2							2	3.5
				4	給与算定				4	A	2	3	B	2							2	3.5
				5	給与支給	4	B	3	5	A	3	4	A	2							3	4.3
		2	契約社員月給計算・支給	1	勤怠確認	3	B	2							3	B	2	3	A	1	3	3
				2	手当計算				4	A	2	2	C	2							2	3
				3	天引き計算				4	A	2	3	B	2							2	3.5
				4	給与算定				4	A	2	3	B	2							2	3.5
				5	給与支給	4	B	3	5	A	3	4	A	2							3	4.3
																					0	―
																					0	―
																					0	―

＊Lv…レベル

10

成果物の見える化

■「成果物」とは一体何なのか？

　業務は、何らかの「成果（物）」を誰かのために生み出すために行っています。次は、この各業務項目が生み出している「成果物」が何なのかを整理して、見える化します。

　成果物を見える化することにより、各業務の最終成果物が明確になり、何のために行っているのか、その目的がより明確になります。

　また、成果物が見える化されることにより「サービスレベルの見直し余地の発見」につなげることができます。現在と同じ成果物を今後も生み続ける（現状のサービスレベルを守り続ける）前提を崩さない限り、大幅な業務の効率化は難しい場合があります。そのため、大胆に成果物の量と質を変える（サービスレベルを変える）ことで、効率化できる余地がないか検討する際に活用します。

■業務体系表を活用する

　では、次に、成果物を見える化する方法を説明しましょう。ここでも業務体系表（57頁）を活用します。業務体系表の右側に「成果（物）」の欄を設けて、小分類ごと成果物の名前を記入し整理します。また、サービスレベルの見直し余地を検討する際は、成果物の名前だけでは量や質がイメージできないため、成果物の現物を確認しながら行います。

I 業務プロセス改善

図表 2-33 成果物の見える化の例（57頁、業務体系表を活用）

	業務区分					成果（物）
No	大分類	No	中分類	No	小分類	
1	人事計画	1	部門年度方針			人事部門年度方針（PPT）
2	人件費管理	1	年間人件費計画			年間人件費計画書（PPT）
		2	人件費予実管理			人件費予実数値（EXCEL）人件費統制施策
3	要員配置・管理	1	要員計画	1	要員計画立案	要員計画書（PPT）
				2	採用計画立案	採用計画書（PPT）
		2	要員配置	1	定例異動	人事異動発令
				2	人事異動（定例外）	人事異動発令
				3	新人配属	新人配属辞令発令
		3	要員フォロー	1	休職者・復職者フォロー	休職者・復職者面談結果
				2	時短勤務者フォロー	時短勤務者面談結果
				3	出向管理	出向社員情報データ
4	給与計算・支給	1	正社員月給計算・支給	1	勤怠確認	勤怠確定
				2	手当計算	手当額確定
				3	天引き計算	天引額確定
				4	給与算定	給与算定
				5	給与支給	給与支給
		2	契約社員月給計算・支給	1	勤怠確認	勤怠確定
				2	手当計算	手当額確定
				3	天引き計算	天引額確定
				4	給与算定	給与算定
				5	給与支給	給与支給

また、「サービスレベルの見直し余地の発見」をするには、成果物の活用状況を把握しておく必要があります。

成果物として代表的なものは会議資料、企画書、報告書といった書類です。その書類を作成するために、データの収集、加工、担当者間で確認や調整、チェックなど様々な手間と時間をかけています。ところが、作成している書類が有効に活用されていないなら、書類作成の時間はムダとなってしまいます。そのため、書類の活用度を把握し、活用度を踏まえてサービスレベルの見直しをします。

顧客とやり取りしている書類については活用度が低いことはあまりないはずですが、社内で管理、活用されている書類については、よく確認しましょう。

書類の活用度を把握するにあたっては、成果物を見える化した書類の1つひとつについて、書類の作成目的・提示先・作成タイミング・作成所要時間などの実態を整理します。

一方で書類の提出先（活用者）に、活用目的、活用頻度・必要性を確認します。このときに注意したいのが確認の仕方です。単に「活用しているか？」とその必要性を確認すると、たいていの人は「活用している」と答えます。したがって、「この書類がなくなると何が困りますか？」、「具体的にはどのように使っていますか？」と確認するのです。そこで明確に困る理由を答えられない場合は、活用度が低く、必要性が低いと判断できますし、具体的な使い方を確認できると新たな書式の提案にもつながります。

　また、書類の活用者はこの書類を作成するのにどれくらいの工数がかかっているか知らないケースも多いものです。「この書類を作成するのに20時間かかっている」などと伝えるのもよいでしょう。すると、簡易版でも可となるケースがよくあります。

　図表2-34のように、書類の作成状況・活用状況が見えることによって「サービスレベルの見直し」の検討ができるようになります。

図表2-34　書類の活用度の把握例

No	書類名	作成者				活用者		
		作成目的	作成頻度	配布先	1回作成時間	活用目的	活用頻度	必要性実感
1	○○日報	・・・	日1回	部長	1h	・・・	日1回	(◎) なくなると大きな支障が生じる
2	△△帳票	・・・	週1回	課長	5h	・・・	週1回	(○) なくなるとある程度支障が生じる
3	□□報告書	・・・	週1回	部長	10h	・・・	月1回	(△) なくても何とかなる
4	○○報告書	・・・	年4回	社長	5h	・・・	年2回	(?) 必要性を感じない
5								
6								
7								

品質不具合の見える化

■品質不具合には2種類ある

　品質不具合が発生すると、業務のやり直しや手戻り等の対応が発生し、本来必要のない工数が余計にかかってしまいます。品質不具合の件数が減ることは業務効率化につながるため、業務改革・改善の1つの視点として品質不具合の削減も重要です。

　品質不具合の件数を減らすには、まずどのような品質不具合が発生しているのか、品質不具合の内容と不具合の発生原因と、その件数を把握することが第一歩です。

　なぜなら、品質不具合件数を大きく減らすには、今現在、発生件数が多いものから優先的に改善する方が効果的だからです。

　品質不具合は、発生元で大きく2つに分けることができます。1つは自部門で作ってしまう品質不具合、もう1つは他部門の品質不具合です。他部門の品質不具合の例としては、申請書処理をイメージするとわかりやすいでしょう。他部門の申請書起票者の記載漏れや間違いなどで差戻しをして修正依頼し、再度申請書をチェックするといったことがしばしばあるはずです。

　本社部門では、このような各現場部門からの様々な申請書や支払伝票のチェック業務が数多くあります。そして、実態として20〜30%程度差戻しをしているケースがザラにあります。こういった部分に大きな効率化余地があるため、まずは品質不具合の実態を把握するのです。

　品質不具合が記録されていない場合は、まず記録するところからがスタートになります。まず、品質不具合を記録していくための管理表を用意します。

■管理表の作り方・使い方

　品質不具合の管理表で管理するおもな項目は「発生業務」「発生日」「品質不具合内容」「品質不具合原因」、品質不具合の「原因部門」「原因担当者」です。「品質不具合の原因部門・担当者」のデータを記録するのは、特定の部門や担当者だけに品質不具合が多いというケースがよくあるからです。

　また、入力方法は自由記入にすると記載レベルにバラつきが出て、後で集計が難しくなりますので、リスト選択式にした方がよいでしょう。

　品質不具合の管理票のフォーマットを用意したら、品質不具合が発生したタイミングで記録をとっていきます。そして、月に1回など定期的なタイミ

図表 2-35 品質不具合管理表の例

管理No	発生業務	発生日	品質不具合内容	品質不具合原因	原因部門	原因担当者
1	人事異動	16/5/26	6/1に通知すべき人事異動情報を誤って5/26に通知した。	担当者の確認モレ	人事部	山田
2	勤怠確認	16/6/7	期限内に勤怠情報が確定されないため、給与額を確定できない。	現場部門の承認遅れ	営業部	南部長
3	勤怠確認	16/6/7	期限内に勤怠情報が確定されないため、給与額を確定できない。	現場部門の承認遅れ	設計部	田中部長
4	勤怠確認	16/6/8	勤務記録表（紙）をもとに勤怠データ作成ミスした。	担当者の入力ミス	人事部	西
5	勤怠確認	16/6/8	勤務記録表（紙）をもとに勤怠データ作成ミスした。	担当者の入力ミス	人事部	西
6	勤怠確認	16/6/8	勤務記録表（紙）をもとに勤怠データ作成ミスした。	担当者の入力ミス	人事部	宮川
7	手当計算	16/6/12	出向解除された社員へ出向手当を付与し、誤った手当額を計算した。	社員情報の確認モレ	人事部	山田
8	手当計算	16/6/12	出向社員へ出向手当を付与モレし、誤った手当額を計算した。	社員情報の確認モレ	人事部	山田
9	手当計算	16/6/12	家族手当を付与モレし、誤った手当額を計算した。	社員情報の確認モレ	人事部	宮川
10						
11						
12						
13						
14						
15						

ングで品質不具合件数を集計し、件数が多いものを改善するための対策を検討していきます。

次に、支払申請処理の起票ミスなど、特定業務について簡易に品質不具合件数を記録する場合には、以下のような帳票が有効です。

図表 2-36 品質不具合の簡易な記録例（正の字）

申請部門	記載ミス箇所					
	申請日付	部門名	金額	支払先	支払日	費用コード
A部門	一		T		正	
B部門			正		T	T
C部門					T	
D部門						T

「申請部門×記載ミスの箇所」の簡単な表を作成し、これを手元に準備して、正の字で発生件数を記録していきます。そして、1日の終わりや週の終わりなどの区切りのついたタイミングで件数を集計します。品質不具合が多い業務のあたりがついていて、まず気軽に件数把握したいという場合にはおすすめの方法です。

12

業務の流れの見える化

■業務フローで全体像と流れをつかむ

　特にオフィスワークの業務は、情報処理が中心であり、目で見えるものはシステム画面や帳票程度で、業務の全体像や流れが見えないのが実態です。したがって、業務改革ではこの部分を見える化する必要があります。

　業務の全体像・流れは、一般的に「業務フロー」として見える化します。それによって、手順のダブり、部門間のやり取りの多さ、過剰なチェック、手作業の多さ（システム化余地）などの問題点を見つけることができます。

　業務フローを描くための手法には様々ありますが、業務改革においては、できるだけ簡単な手法を使うことが重要です。なぜなら、改善案を検討する際、できるだけ多くの人の参加・協力によってさまざまな知恵を集約させたいからです。もし、業務フローが特殊な記号を使って複雑に描かれていたとしたら、それだけで、その内容を理解できる人が限られてしまいます。

　このため、業務フローでは図表2-37に示すような6種類程度の簡単な記号で描くことをおすすめしています。

図表2-37　推奨する業務フローの使用記号

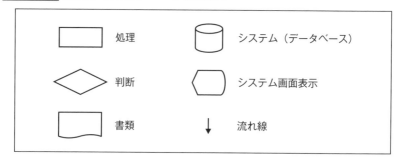

図表 2-38 業務フロー記載例

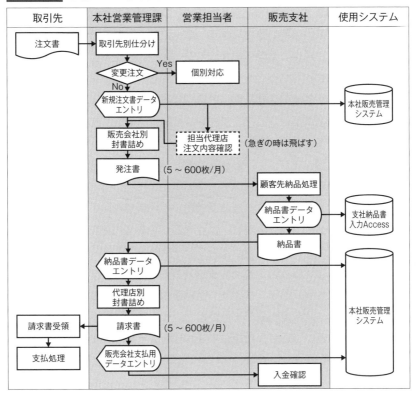

■業務フローの作成手順

①業務フローを描く範囲を決める

　まずは業務フローを描く対象業務の始めと終わりを明確にします。特に他の担当者が実施している業務をヒアリングして業務フローを確認する場合は、業務を確認する範囲が決まっていないと非効率なヒアリングになってしまいます。

②業務フローを描く詳細レベルを決める

　業務の手順を細かくしていくと、極端に言えば、例えば「マウスを右クリックする」といった動作レベルまで詳細にできます。業務改革を目的とした

場合、細かいレベルで業務フローが描けていると改善すべきところが見つけやすくなるというメリットもありますが、1つの業務のフローを完成させる手間がかかります。また、膨大な業務フローとなり、全体像が見えなくなってしまいます。さらに、業務の細かいパターンの違いを表現するために、一部分が異なる同じようなフローがいくつもできてしまいます。

業務フローは、対象の業務に関してそれほど詳しくない人でも、概要が理解できて、改善に参加できることがおもな目的ですので、詳しすぎることの弊害も考慮します。「1つの業務に対して業務フローを印刷した場合に数枚で収まる程度」を目安として、フローを描く詳細レベルを決めるとよいでしょう。

③**レーンを決める**

レーンとは、業務フローにおける「部門」や「担当者」、「システム」などの業務フロー上の処理をする部門・人・システムなどを示す枠のことです。業務フローを描く際には、まず、業務フロー全体を想定し、出てくる部門・人・システム等の登場人物を表現するレーンを決めます。

レーンを使うメリットは、各部門や担当者の担当範囲がわかりやすいことです。また、レーンを流れ線がまたがるということは、部門間・担当者間でやりとりがあるということがわかります。したがって、何回もまたがっている場合はやりとりが多く、非効率になっていると想定できます。

部門をまたぐ業務の場合には、部門のレベルでレーンを作るのが一般的ですが、部門内でも担当者が細かく分かれているような業務では、部門内の担当者をレーンで分けた方がわかりやすくなります。

また、その業務において、何度も同じシステムを操作する場合には、そのシステムを1つのレーンで扱う方が、システムの処理全体がわかりやすくなり、システム改良点が発想しやすくなります。

④**業務フローを描く**

特殊な記号を使わず、業務フローを描く基本ルールを守りながら描くと、誰もがわかりやすい業務フローとなります。

また、業務フローは見栄えよりも、わかりやすさが大切です。補足コメントをたくさん入れると、より実態が把握できてよいでしょう。

■業務フローを描く際の基本ルール

①縦型のフローでは流れ線は上から下に描くことを基本とする
　（ただし、上に描かれた処理に戻る場合には下から上になる）
②横型のフローでは流れ線は左から右に描くことを基本とする
　（ただし、左に描かれた処理に戻る場合には右から左になる）
③流れ線はなるべく交差しないようにする
　（ただし、交差させた方がわかりやすいときには交差させる）
④判断の処理には、分岐の条件を忘れずに入れる
⑤同じ処理に行く流れ線は重ねても構わない

図表 2-39 業務フローを描く際の基本ルール

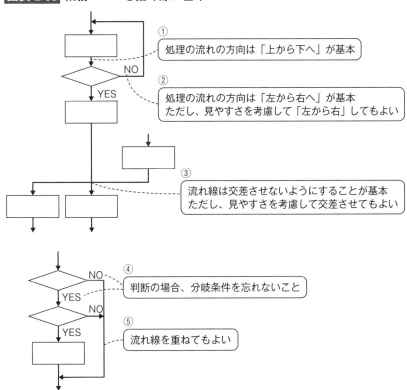

> **Column**
>
> 帳票の流れを中心に業務フローを描く
> プロセスチャート

■プロセスチャートとは

　業務フローを描くためのもう1つの手法として「プロセスチャート」を紹介します。これは帳票の流れを中心に業務の実態を見える化するものです。帳票の発生から保管までの流れを追うことにより、帳票の中の情報項目の作成・活用状況がよくわかるところに特徴があります。

　オフィスワークでは、何らかの情報作成や情報加工をしている業務が多いため、そのような業務をより詳細にフローとして見える化して改革策を検討したい場合には、このプロセスチャートが向いています。

　プロセスチャートの記述方式はいくつかありますが、理解しやすく、記述が容易なものとして「日本能率協会方式（JMA方式）」があります。

　具体的な記号の説明は右の図表（図表2-40）にある通りですが、この方式の特徴として、「書類（帳票）」・「作業」・「チェック」・「停滞（保管・廃棄）」の表現分類が挙げられます。この表現分類からも想定できるように、プロセスチャートは、手作業が多く定型的な事務業務を描くのに適しています。例えば、顧客と取り交わす契約書や契約に必要な書類の作成、チェック、管理、システムへの入力、保管などが代表として挙げられます。

■プロセスチャートの作成手順と記載ルール

　まず始めに、改善をしたい主要な申請書や伝票などの帳票を洗い出します。そして、その帳票がどこから発生し、どこでどんな処理・検査を経て、最終的にどこで保管・廃棄されるのかを描いていきます。

　記載する際のルールは図表2-42に記載していますが、特徴的な部分は2つあります。1つは、「1本の線は1つの帳票（書類）を表す」ことです。これは各帳票ごとの作成・加工（修正）・参照・保管・廃棄といった流れを

I　業務プロセス改善

表現するためです。

　もう1つは、「書類記号□で始まり、停滞（保管）記号▽で終わる」ことです。これは、すべての帳票（書類）は、使用後は最終的に保管または廃棄されるからです。

　プロセスチャートは一見描くのが難しそうですが、数回の練習で描けるようになりますので、ぜひチャレンジしてみてください。また、チャートを読むだけなら、使用記号を追っていくだけですから、すぐに理解できるでしょう。

図表 2-40 プロセスチャートの使用記号（JMA方式）

	記号	使用方法		記号	使用方法
1 書類	B伝票／A伝票	伝票を表す。複写枚数だけ書き、各々に名称を記入する。	3 停滞	▽	一時的な仮置き、保管を表す。
	A台帳	台帳を表す。名称を記入する。		▽	最終保管を表す。または、業務単位が異なり、分析の対象としない場合。
	A報告書	報告書または集計用紙を表す。名称を記入する。		▼	廃棄を表す。
	Aレポート	EDPレポート、Fax等のレポートを表す。名称を記入する。	4 チェック	◇	質のチェック（記入、計算のミス、金額等）を表す。チェック内容を注記する。
		複数書類をまとめる状態とばらす状態を表す。		□	量のチェック（枚数、個数等）を表す。チェック内容を注記する。
2 作業	作業／運搬	計算、分類、文書記入、コピー等の作業を指す。記号の脇に作業内容を記入する。		◇	質、量の検査を同時に行う。
	計算結果メモ	○から◎に転記する。計算等の作業を同時に行う場合もこの記号でよい。転記内容と作業内容を注記する。		◎	検印を表す。
	○─◎	○から◎に電話で聞いて記入する。		◇◇	2つの書類の内容照合を表す。
	○─◎	EDP、FAX、メール等による情報の電送を指す。	5 他	○担当／△課長	個人と個人の仕事の分かれ目を表す。

113

図表 2-41 プロセスチャートの記載例

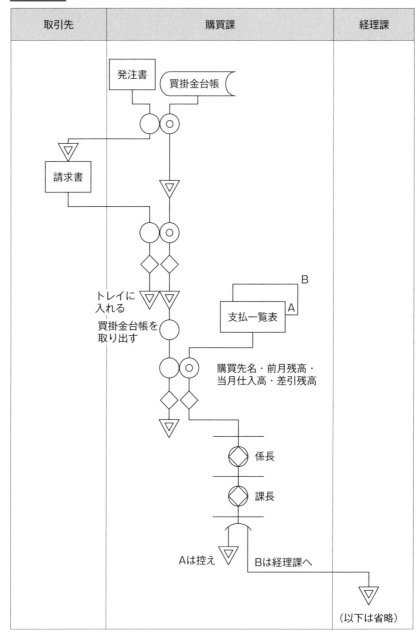

I 業務プロセス改善

図表 2-42 プロセスチャートの作成ルール

①上から下へ流れる
　・時間の経過にしたがい、上から下に書く。線の長さは時間を示す。
②1本の線は1つの帳票を表す
　・1つの帳票から出ている線上にはチェックや検印、転記などいろいろな記号が出てくる。
　・プロセスチャートでは線そのものが帳票を示していると考える。
③業務内容を言葉で補足する
　・記号だけの表示では不充分であるから、記号のわきに必ず言葉で補足する。
④最初に帳票名を書く
　・新しい帳票名が出てきたら、その帳票名を書いてから作業内容を表示する。
　・特に、なれないうちは下図のような誤りを犯しやすいので注意する。
⑤書類記号 ☐ で始まり、停滞（保管）記号 ▽ で終わる
　・帳票は何らかの形で保管されているはずであるから、最後は必ず保管記号をつける。
　・特に台帳は1つの事務が処理されても継続的に利用されるので、一時保管の記号で終わる。
⑥線はつながっていること
　・事務手続きは全体として1つのシステムであるから、プロセスチャートの線もつながっていなければならない。
　・異なる帳票をつなぐのは○と◎を並べた転記の記号である。
　・線の縦の長さは時間を示す。
⑦見た目の美しさも必要
　・線は記号の上から入り、下から出る。
　・同一帳票はなるべく同一線上に書く。
　・線は記号の中央に入り中央から出る。
⑧一定の判断基準に従い、処理パターンが多岐にわたり、なおかつ処理内容が複雑な場合には、このプロセスチャートをパターンごとに、切り分けて記述するとよい。

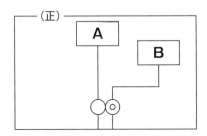
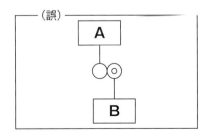

図表 2-43 プロセスチャートの読み方

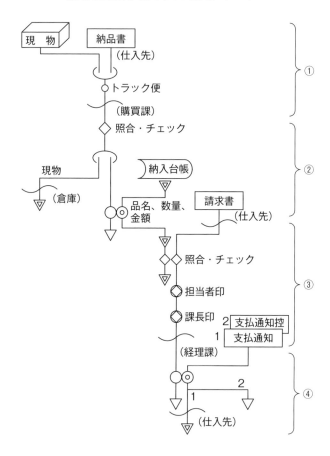

請求書支払手続のプロセスチャート

① 仕入先から現物と納品書が一緒にトラック便で購買課へ届く。
② 購買課の担当者は両者を照合・チェックしてから、現物は倉庫に保管し、納品書から納入台帳に品名、数量、金額を転記する。
③ 仕入先から請求書が来ると担当者は納入台帳と照合・チェックし、請求書にハンコを押す。請求書は課長の検印を受けた後、経理課へ送られる。
④ 経理課では、2枚複写の支払通知(1枚目は支払通知、2枚目は支払通知控)を作成し、(支払年月日、支払金額を記入)1枚目を仕入先に送る。2枚目は控えとしてファイルしておく。

I　業務プロセス改善

詳細プロセスの見える化

■業務フローで見えない作業実態を明らかにする

　業務の全体像・流れを把握するのには、業務フローは非常に有益ですが、業務フローだけでは表現しきれないことがあります。それは、業務フローで表現した1つひとつのボックス（1つの作業）を具体的にどのようなツールを使用してどのように作業を行っているか、どのようなミスや手戻りといった不具合があるのかといった、詳細な作業実態です。

　こういった、シンプルな業務フローだけでは表せない作業実態を見えるようにするのが、「詳細プロセスの見える化」です。これには、図表2-44のフォーマットを使用し、業務フローの1つのボックス（1つの処理）に対して、処理内容の解説、使用する道具、業務品質上の留意点、頻度、必要な熟練度、ミス発生の有無、認識している問題点など現状を詳細に把握します。なお、詳細な把握にあたっては、対象業務に最も詳しい担当者が行うか、その担当者にインタビューします。その際、可能な限りいろいろな視点で実態を書き出すのがポイントです。

　これらをまとめることにより、業務1つひとつの改善必要性が点検できるようになります。また、簡易の業務マニュアルとして活用することもできます。

図表 2-44 詳細プロセスの見える化フォーマット

部門名：			氏名：	業務区分：			年間業務量
業務の目的							
詳細ステップ （詳細区分）	業務量比率		解説 （業務の内容や品質条件など）	使用する 道具・システム	INPUT情報	OUTPUT 情報	メモ （その他解説・気が ついた問題点など）
	値	比率					
比率合計	0.0	0%					

■詳細プロセスの見えるフォーマットの各項目の記入のポイント

①業務の目的

　対象業務の目的を明確にします。業務の最終アウトプットではなく、「何に役立つのか」という視点で目的を表現することが重要です。例えば、「営業の当月売上実績をまとめる」といった表現ではなく、「次月以降の営業売上目標達成に向けて、実績と見通しをまとめて営業側のアクションにつなげるための資料を作成する」といった具合です。特に管理のための業務の場合、目的を達成できているのか、目的に適したアウトプットかどうかをチェックすることで、大きな改善ができることがあります。したがって、それぞれの業務の目的をしっかりと押さえておくことが重要です。

②詳細ステップ（詳細区分）

　詳細ステップの欄は、業務フローで描かれた1つひとつのボックス（ひと

つの作業）の名称を転記します。

③業務量比率

　年間業務量を各ステップごとの業務量に振り分けるための比率です。業務量調査（63頁）で明確にした対象業務全体の年間業務量を、どのステップにどのくらいの割合で時間を使っているかという観点で、各ステップの比率の合計が100％となるように設定します。その設定が難しい場合、「値」の欄を利用して比率を求めます。最も時間のかからないステップを1とし、他のステップが何倍時間がかかるかを経験的に見積もり、「値」の欄にその倍数を記入します。すべてのステップに値を設定したら、値の合計を求めたのち、各ステップに設定した値から「値の合計」に対する比率を求めます。

例

　　　各ステップの値が、「1」、「3.5」、「2.5」、「3」、「2」、「3」、「5」となった場合、値の合計が、「20」となるので、各ステップの比率は以下のように算出できます。
　　　　・「1」・・・・1÷20＝5％
　　　　・「3.5」・・3.5÷20＝17.5％
　　　　・「2.5」・・2.5÷20＝12.5％
　　　　・「3」・・・・3÷20＝15％
　　　　・「2」・・・・2÷20＝10％
　　　　・「5」・・・・5÷20＝25％

④解説（業務の内容や品質条件など）

　各ステップの業務の概要、実施上の条件などを簡単に文章で説明します。

⑤使用する道具・システム

　各ステップの作業を行う際に使用している道具・システム名を記入します。システム、ソフトウェア、電話、FAX、コピー機、スキャナー、その他文房具など、各ステップで使用しているものは可能な限り書き出します。

⑥INPUT情報

各ステップを実施するために必要な情報、帳票、データを書き出します。

⑦OUTPUT情報

各ステップ終了時の成果物(情報、帳票、データなど)をなるべくINPUT情報と比較して変化がわかるような表現で書き出します。

図表 2-45 詳細プロセスの見える化例

部門名:支店企画課			氏名:○○ ○○
業務の目的			全社の活動計画のベースとなる予算作成業務に合わせて、各支店で予算検討(重点施策検討、予算不足分積み増し検討、経費削減検討)を行う。 その際の支店予算の円滑な作成のため、本社の依頼事項を各課に伝達し、各課のアウトプットをまとめて本社に送付する。
詳細ステップ (詳細区分)	業務量比率		解説 (業務の内容や品質条件など)
	値	比率	
予算作成依頼と編成方針の受領	1.0	1%	半期ごとの本社からの予算作成依頼と編成方針をメール受領、その内容と前期との差分などを把握し、適宜本社担当者に問い合わせを行う
支店予算作成依頼書を作成	2.0	2%	本社依頼内容を要約し、自支社各課向けの依頼書を作成する
各課へのメール送信	2.0	2%	各課長に対して依頼文書をメール送付する
進捗フォロー、問い合わせ対応	5.0	5%	適宜各課の進捗管理を行いながら、各課からの問い合わせに対する一次受付、必要に応じて本社へのエスカレーションを行う
各課からの予算結果の受領	1.0	1%	各課からメールで受領する
締切前督促	10.0	11%	期限内に提出のない各課長に督促を行う【すべての課が揃うことが条件】
各課販売予算・経費予算と本社依頼とのチェック、内容検討	30.0	33%	本社の予算作成依頼、編成方針に対する、各課の予算内容(販売目標達成のための重点施策内容、予算不足分の上積み増し案、経費過剰部分の削減案など)の確認を行う
販売予算表・経費予算(支店トータル)作成	30.0	33%	各課からの予算を集計し、支店トータルの販売予算表・経費予算を作成する
販売予算表(支店)内容検討	10.0	11%	支店企画課内で支店トータル予算内容を確認して確定版とする
本社へ返送	1.0	1%	送付状を作成、添付してメールで本社に送付
比率合計	92.0	100%	

⑧メモ（その他解説・気がついた問題点など）

　フォーマットの欄にはない内容で、業務の実態に関すること（例えば実施頻度、実施時期、実施する担当者など）、担当者の日ごろから感じている問題認識や疑問、業務ミスの発生状況など、どんなことでもよいので改善につながる可能性のありそうなことを書き出します。

業務区分：：支店予算作成			年間業務量　　　　240.00
使用する道具・システム	INPUT情報	OUTPUT情報	メモ（その他解説・気がついた問題点など）
PowerPoint	今期の予算作成依頼と編成方針	内容確認後の予算作成依頼と編成方針	年2回：2月中旬・8月中旬
Word	定型依頼書フォーム	依頼書完成版	本社依頼文書をそのまま流せないか
メーラー	依頼書完成版	依頼書をした添付メール	
TEL	各課の問い合わせ	問い合わせ回答、進捗状況	
メーラー	販売予算表（各課）、経費予算表（各課）	受領チェック	このステップではファイルが開けばよい
TEL	未受領リスト	すべての課からの予算表	各課から提出状況が概ね悪く、督促が必ず発生する
Excel	各課個別の非定型予算表	内容確認後各課確定版予算表	各課で作成するフォームは定型ではない
Excel	内容確認後各課予算表	支店トータル予算表	
Excel	支店トータル予算表	確定版支店トータル予算表	
Word	定型送付状フォーム	送付状完成版	

14 業務実施満足度の見える化

■業務量調査だけではわからないことをアンケートで あぶり出す

業務量調査だけでは、その業務の達成度が要求される水準を満たしているのかわかりません。その業務の成果物の活用者に対して、業務実施の満足度をインタビューまたはアンケート票で確認することで、業務実施満足度を確認するのも有効です。例えば、業務マップなどをベースに、部門長に業務ごとの満足度合いの自己評価をしてもらう方法があります。満足度レベルは、時間を使いすぎていても、不足していてやり切れていなくても100％未満となるようにつけてもらいます。これは感覚的なものでも構いません。部門

図表 2-46 部門長による業務実施満足度の整理例

業務実施満足度調査票（業務量調査票がベース）

課名	No	大分類	No	中分類	判断知識	作業スキル	現状人数	業務量パラメーター	実施満足度レベル	現状課題	改善案	16年	17年	18年	派遣可能化性
顧客対応	1	苦情処理	1	苦情受付・現品確認	低	中	0.4	ほぼ固定的	100%	苦情情報を改善につなげる余地がある	苦情対応の現場へ出向いて対応するなど（営業戦略上のニーズがあればサポートを想定）	0.4	0.4	0.4	100%
			2	詫び状、文書作成	中	中	2.0		100%			2.0	2.0	2.0	25%
			3	苦情情報集計、管理	低	低	0.1		100%			0.1	0.1	0.1	25%
			4	委託製品の苦情窓口	低	中	0.1		100%			0.1	0.1	0.1	
			5	顧客との直接対応	中	高	0.2		70%			0.3	0.4	0.4	
			6	苦情の海外コンタクト	中	高	0.1		50%	英語力の問題	適任者選定	0.3	0.4	0.5	
	2	逸脱処理	1	逸脱処置	高	高	1.50	固定的	80%	他部門の手直しが多く、査察に耐えうる書類ではない	文書作成のトレーニングが必要	1.5	1.5	1.5	
			2	SQRT議事録の作成	高	中	0.05		70%	内容的には、レベルアップ余地あり	会議の進め方が良くない。表面的な暫定的な傾向	0.1	0.1	0.2	
			3	逸脱の年次レビュー（担当品目）	高	高	0.03	トラブル件数比率	80%	実際は使用されず、目次だけでも良い	年次記録でもよいか	0	0	0	

Ⅰ　業務プロセス改善

長の思いで業務改革を進める際には有効な手法です。

　また、他部門に確認するという方法もあります。例えば、本社部門であれば、様々なサービスを提供している各現場部門に、そのサービス満足度を確認するのです。業務実施満足度を業務量調査結果とセットで見ることで、「100時間工数かけているが、満足度が低い」ので、改善を優先しようなどとポイントが見えるようになります。その結果を受けて、今後、強化、もしくは追加すべき業務や業務分担の見直し、および効率化を検討します。

　この場合は、その業務の達成度に満足しているかを示す「業務実施満足度」に加えて、そもそもその業務が求められているかを示す「業務サービスニーズ度」も確認しましょう。そもそも提供されていることを認識しているか、認識されている場合には、「この提供サービスがなくなると何が困るか」「具体的にはどのように使っているか」を確認することで、現在のサービス内容への満足度がわかり、現場部門から必要性の低いサービスが見えてきます。

　また、「業務サービスニーズ度」「業務実施満足度」を組み合わせて分析することで、「サービスニーズは高いが満足度が低い」ということも見えてきますので、今後強化すべき業務も見えてきます。

図表 2-47 業務サービスニーズ度および投入コストの整理例

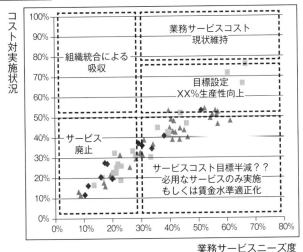

15

就業時間や残業の見える化

■まずは改善前の時間を把握する

「業務改善によって効率化成果を上げる」ことのおもな目的の1つが、業務への投入時間の削減です。投入時間とは、従業員が勤務地・勤務場所に行き、それぞれが決められた時間枠、あるいは枠を超えた「時間外労働（残業）」の範囲内で仕事をしている時間のことです。「働き方の見直し活動」は、職場のマネジメントを見直していく活動ですから、改善活動の結果、それらが減っているのか、増えているのか、変わらないのか、変化の度合いを見る必要があります。変化の度合いを知りたければ就業時間全体、あるいは残業時間について、改善する前「ビフォア」、改善した後「アフター」それぞれの時間を把握・見える状態にする必要があります。「見える化なくして改善なし」です。

これら就業時間、残業時間が職場で適切に記録されているなら、まずは改善前の時間の状態を把握しましょう。おもに人事部門が勤怠データを記録・保管しており、就業・勤怠管理システムから容易にデータを引き出すことができます。

ただし以下の事情で勤怠データをそのまま活用できない可能性があります。

①就業規則・規定上、「みなし労働時間制」「それに準じる制度」が採用、運用されており、勤怠実績が正確に記録されていない。
②管理職を中心に管理監督者であるために勤怠管理の必要性がないとみなされ、勤怠実績が記録されていない。
③サービス残業が慣習化しているなどで勤怠実績が正確に記録されていない、バラつきが発生している。

その場合、改善対象となる部門では管理職・非管理職、正規社員・非正規社員かかわらず、少なくとも1カ月程度は実績を記録し、改めて把握する必要があります。
　特に、正確に把握できていない場合には、「記録目的は何か？」を関係者に説明し、正しく理解してもらう必要があります。「記録したものは、何に使われるのか？」「評価につながってしまうのでは？」などと不安を持たれたり誤解されたりしてしまうと、従業員は正確に時間を記録してくれなくなるからです。

■勤怠データを分析する

　勤怠の実績が記録化・データ化されたら、次はそこから何が読み取れかを分析しましょう。
　ポイントは、総投入時間に基づく「平均値（総投入時間÷所属人数）」を対象部門間で比較するだけでなく、人による「バラつき」についても見ることです。なぜなら、対象業務は単に業務量が大きいという問題だけではなく、優先度指示や進捗管理といった業務マネジメントや、仕事の助け合い（複数担当化・マルチ化）の遅れ、すなわち「属人化」による特定個人への負荷集中といった問題も大きいからです。就業時間、残業時間の状態のパターンは、以下のようになっているのが一般的です。

①平均値が相対的に低く、人別のバラつきもあまりない。
②平均値は相対的に低いが、人別のバラつきが発生している。
③平均値が相対的に高いが、人別のバラつきはあまりない。
④平均値が相対的に高く、人別のバラつきも発生している。

　①の場合、あまり大きな負荷がかかっておらず、マネジメントもうまくできていて、よい状態だと言って差し支えないでしょう。ただし、ひょっとすると、業務量に対して人を投入しすぎていて、負荷が過少で、まだまだ仕事を拡大する余力を残している可能性があります。また本来の部門ミッションの達成に至っていない、業務遂行レベルそのものが低い可能性もあります。

「本来やるべきこと」がきちんとできているかという点と合わせて判断する必要があります。

②の場合には、一見よさそうですが、それはごく一部のスキルやパフォーマンスが高いメンバーの頑張りによって維持されている可能性があります。こういう職場はスキル移転がうまくいっていないことによる業務停止リスクを包含しているかもしれません。

③の場合には、全員が常に忙しく・過負荷が続いている状態であり、新しいことの検討、改善活動といった「さらに追加される仕事」には着手できにくい状況と言えます。人員数を変えない前提だとすれば、取り組んでいる仕事の一部を優先度に応じてやめる、大幅に削減するといったことが求められます。またメンタル疾患発症のリスクを考えると、人の増員も考慮すべきです。

④はあまり考えられませんが、一部のメンバーが相当忙しい過負荷な状態であることが想定されます。負荷の高い担当者を中心に、真っ先に取り組み、

図表 2-48 就業時間・残業時間のバラつきの見える化フォーマット

対象部門	残業データ分析対象人数	残業時間合計	1人当たり月間平均残業時間MH	0～5時間	6～10時間	11～15時間	16～20時間	21～25時間	26～30時間	30～35時間	36～40時間	40時間～
	人			人	人	人	人	人	人	人	人	人
	人			人	人	人	人	人	人	人	人	人
	人			人	人	人	人	人	人	人	人	人
	人			人	人	人	人	人	人	人	人	人
	人			人	人	人	人	人	人	人	人	人
	人			人	人	人	人	人	人	人	人	人
	人			人	人	人	人	人	人	人	人	人
	人			人	人	人	人	人	人	人	人	人
	人			人	人	人	人	人	人	人	人	人

業務の見える化や優先度検討を行う必要があります。

図表2-48のように、対象部門別に「何人所属しているか」「就業投入時間、あるいは残業時間はどの程度か」「平均時間はどの程度か」、そして「時間帯別のバラつきはどうなっているかを見ましょう。図の場合、例えば0〜5時間で何人、6〜10時間で何人と分散化させて表示させるイメージです。

■属性によって傾向を分析する

就業時間・残業時間の見える化のポイントとして、従業員属性による傾向分析が挙げられます。ここで言う「属性」は、改善の目的によって区分が異なってきます。例えば「管理者・上司と一般従業員」「総合職と事務や一般職」「男性社員と女性社員」「正規社員と非正規社員」などがわかりやすいでしょう。目的に応じてこれらを複数組み合わせた分析も想定されます。勤怠実績を把握する際には、目的に応じた追加の分析が可能なように、あらかじめ属性情報をつかんで、細分化しておきましょう。

特に就業時間、残業時間を見る場合、職場ごとのマネジメントスタイルや、投入時間と仕事に対する考え方が大きな影響を与えると言われており、職場ごとのマネジメントスタイルの差に着目できる区分概念が求められます。

例えば、「時間をかけて仕事をする担当が評価される」ことが暗黙の了解となっている職場、それが「あたりまえ」化している組織風土においては、上司が長時間勤務の状態だと、部下も同様の傾向を示すことが多いものです。いわゆる「つきあい残業」の発生です。このような現象をなくすには、両者の働き方の相関を分析し、具体的に個別指導していかなければなりません。

分析の方法としては、上司の働いている時間の状態と、各部門・拠点の平均時間をプロットすることで、それらの相関状態を見える化します。

図表 2-49 上司と部下の働き方プロット図

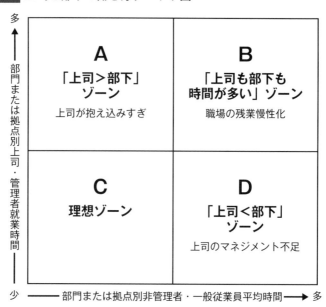

　言うまでもなく、左下のCの理想ゾーン（上司も部下も適性に働いている）がめざす状態です。「上司も部下も時間が多い」ゾーン（B）にプロットされている部門は、上司の働き方に影響され、結果として部下も時間をかけて仕事をする状態におちいっている可能性があります。

　特に時間をかけることで成果を獲得することがあたりまえだと思われている職場や、過去の「時間をかけることによる成功体験」を持っている上司がいる職場の場合、部下に対して過度に同じ行動を期待する傾向があるため、そのような行動ができない部下や時間に制約のある社員（例えば育児休暇明けの女性社員など）を評価しないことが多いものです。

　一方で「上司の時間は多いが、部下はそこまで多くない」ゾーン（A）にプロットされている部門は、上司のマネジメントスタイルが確立されておらず、うまく業務指示ができないため、本来部下に任せられる仕事まで上司が抱え込んでしまっている可能性があります。

　まれに「上司の時間は多くないが、部下は時間が多い」ゾーン（D）にプ

ロットされる部門も見られます。これは上司のマネジメント能力不足の表れの1つであり、効率化を促すことも含めた、本来必要な、部下に対する業務の管理を上司ができていない可能性があります。企画業務、プロジェクト業務を行う職場ではこの傾向が顕著です。こういった職場の若手は一般的にキャリアアップ志向が強いため、「私は自分の経験値を上げたいから、長く働きたい」「誰にも迷惑をかけていない」という主張をよく聞きます。そういった主張に対して、上司がうまくアドバイス・説得・是正できていない表れかもしれません。

つまり、理想ゾーン以外は「上司のマネジメントスタイルの未確立」あるいは「旧来のマネジメントスタイルの横行」によって長時間勤務が常態化している可能性があります。

それぞれのゾーンにプロットされる部門数によって「マネジメントスタイルの確立」、あるいは「各々のマネジメントスタイルのばらつき是正」の課題の大きさが見えてきます。

16

仕事の中身の見える化

■様々な業務に共通して発生する要素とは

　ここまでStep2では業務の「種類」について棚卸しする手順を説明してきましたが、これら業務を構成する様々な活動要素は、どんな種類の職場、職種であっても共通することにお気づきでしょうか？

　例えばそれは、メールをする、電話をかける、会議をする、資料を作るなどです。つまり、どんな業務でも、メールや電話を用いて、外部・内部関係者と情報を共有したり、情報を発信・指示する行為が発生します。その合間は実際に関係者と直接コミュニケーションを図ります。コミュニケーションの過程において会議室で議論し、時にはホワイトボードを使って会話のやりとり経過を見える化することで、議論そのものを効率化させたり活性化させたりします。

　また、何らかのフォーマットを用いて、調べたこと、分析結果、検討結果や課題をまとめる、いわゆる資料作りにも取り組みます。

　仕事の過程では、上司部下間では「報告・連絡・相談」で情報を頻度を変えながら共有します。さらに上位者に対して資料を使ったり、口頭で意思決定を迫るような説明・プレゼンテーションが求められることもあります。

　営業・外勤の場合は、お客様や外部取引先と対面でやりとりするだけでなく、そのための移動時間や待機時間も発生します。

　このように、業務とは複数の活動要素の組み合わせによって成立し、それぞれの業務の長さ・単位時間が形成されているのです。そのためこれらの要素別に、組織や個人がどの程度時間をかけているのか、「進め方の腕前」を事前に知ることは、改善を進めるにあたって極めて有効です。この「要素」のことを、ここでは「仕事の種類・仕事の中身」と表現します。代表的な仕

事の種類・仕事の中身を挙げておきます。

①**資料作成**
　資料作成のための情報収集、分析、とりまとめ、ならびにそれらに関連したあらゆる手戻り時間を含める。
②**会議**
　組織内で決められている定例的な会議だけでなく、前日や当日急に発生したミーティング、少数人数でのちょっとしたミーティングも含む、会議前後の召集・準備や、終了後の議事録作成等も含む。
③**外勤対面時間**
　商談を含む、外部のお客様、取引先との直接コミュニケーションの時間。
④**外勤非付加価値時間**
　移動時間、外での待機時間。
⑤**定型作業**
　情報システム入出力処理、社内手続きも含めた事務所処理作業、庶務的な仕事。
⑥**メール**
　読む、書く、探す行為のすべてを含む。
⑦**電話**
　社内、社外からの問い合わせ、やりとりのすべてを含む。

　次頁の図表2-50のように、月曜日～金曜日（営業日）の間、仕事の種類・中身別に、仕事の対象も加えて、どの程度時間をかけたか記録、集計してみましょう。個人・組織ごとに、どこに時間をかけているのか、何を苦手としているのかが明白になります。いきなり時間が想定できない場合には15分単位の日報を作成・記録し、都度集計をかけて実態の見える化をはかるのもよいでしょう。また「月初・月中・月末」、あるいは「週中と週末では忙しさや対応内容が異なる」など、仕事の中身が時期で異なる場合、時間をかけて記録しましょう。

図表 2-50 仕事の種類別構成比フォーマット

仕事分類	月	火	水	木	金	週あたり時間合計	月時間	仕事時間構成比（%）
外勤_商談						0.0時間	0.0時間	0.0%
外勤_現場支援						0.0時間	0.0時間	0.0%
外勤_巡回、リサーチ						0.0時間	0.0時間	0.0%
外勤_移動						0.0時間	0.0時間	0.0%
外勤_その他						0.0時間	0.0時間	0.0%
内勤_会議①_対本社						0.0時間	0.0時間	0.0%
内勤_会議②_対上長・部内						0.0時間	0.0時間	0.0%
内勤_会議③_対お客様						0.0時間	0.0時間	0.0%
内勤_会議④_対その他						0.0時間	0.0時間	0.0%
内勤_資料作成①_対本社						0.0時間	0.0時間	0.0%
内勤_資料作成②_対上長・部内						0.0時間	0.0時間	0.0%
内勤_資料作成③_対お客様						0.0時間	0.0時間	0.0%
内勤_資料作成④_対その他						0.0時間	0.0時間	0.0%
内勤_その他						0.0時間	0.0時間	0.0%
メール確認・作成①_対本社						0.0時間	0.0時間	0.0%
メール確認・作成②_対上長・部内						0.0時間	0.0時間	0.0%
メール確認・作成③_対お客様						0.0時間	0.0時間	0.0%
メール確認・作成④_対その他						0.0時間	0.0時間	0.0%
電話①_対本社						0.0時間	0.0時間	0.0%
電話②_対上長・部内						0.0時間	0.0時間	0.0%
電話③_対お客様						0.0時間	0.0時間	0.0%
電話④_対その他						0.0時間	0.0時間	0.0%

　集計してまとめた結果の例が、図表２－51です。共通的に発生している資料作成や会議を中心とした情報のやりとりは、想定以上に時間がかかっているものです。こういった仕事の要素・中身は、業務別にそれぞれ改善するよりもルール化、フォーマット化といった「組織で守るべき型」を決めてしまって取り組んだ方が効果的です。特に時間がかかっているものを中心に「もっと効率的に進められないか？」「見直す余地がないか」を考えてみましょう。

　また、これら仕事の種類・中身はゴール・目的によって大きく優先度や実

Ⅱ　ワークスタイル改善

図表 2-51 仕事の構成比まとめ結果の例

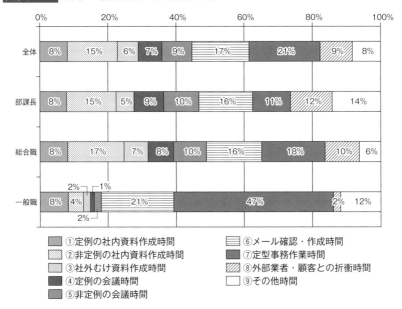

施サイクル、難易度が変わってきます。対象や目的の軸を入れるとより問題が明確になり、仕事の中身に関わる問題が抽象化されません。目的の例としては、例えば「顧客向け活動か、社内向け活動か」、「経営者向けの活動か、従業員向け活動か」、「施策検討寄りか、結果管理寄りか」、「重点顧客か、そうではないか」、「年間目標にかかわる活動か、定例的な活動か」といった観点です。

　目的軸を加えて時間の使い方の結果を捉えると、部門全体の時間のかけ方がもともと意図していた通りなのかを考えるきっかけになります。これがもっともわかりやすいのが営業・外勤部門です。外勤時間と内勤時間の比率を見比べて、じつは外にほとんど出ていない、あるいはそれら少ない外勤時間も「対面時間」に割かれておらず、移動時間や待機時間の方がかかっていたりするといったことがよくあります。営業も、扱う財によって様々なスタイル・成功要因がありますが、例えば「対人コミュニケーション時間をしっか

り取ることが重要成功要因」の営業スタイルであれば、いかに内勤時間と外勤非付加価値時間を減らしていくか、そのために何の優先度を下げるべきか、真っ先に考える必要があります。

　また内勤部門でも目的軸から時間の使い方を振り返ると、資料作成や会議などは、今から先の業績にかかわらない実績把握だったり、その実績を共有する活動に多くの時間を割いていたりします。目的・ゴール達成のために、本来求められている役割を果たすにはどうしたらよいか、例えば他部門への情報提供、支援を行うための時間をどうやって創出するかなどを考える必要があります。

図表 2-52 仕事の目的別時間の使い方確認フォーマット

仕事の種類、仕事の中身（例）	仕事の目的（誰のために）				
	経営者・役員	本社・本部	上司・自部門	他部門 社内従業員	重点顧客 重点取引先
資料作成					
会議・ミーティング					
外勤対面時間					
外勤非付加価値時間					
定型作業					
メール					
電話					

仕事発生時間の見える化

■朝・夕方・夜の時間帯の業務をどうするか？

　長時間勤務の状態の是正、残業削減は、単に個別の業務の業務量を減らしさえすれば実現するとは限りません。改善によってそれらの業務・仕事が楽になったとしても、朝、夕方・夜に別の何かが発生すれば、結局は誰かが対応しなければならず、会社・職場に残らなければならないからです。したがって「スタート～エンド」の間の時間短縮成果を出すためには、単に日中の業務を減らすだけではなく、朝の時間帯、夕方・夜の時間帯の業務・仕事そのものを完全になくす、効率化する、あるいは発生時間帯をずらすなどの活動も同時に行う必要があります。

　夕方・夜の時間帯で発生する典型的なものに「何かを決める会議」「帰社してからの上司報告」といったミーティング行為が挙げられます。これらの会議や報告がある職場では、その時間帯をめざして仕事を行うため、日中の業務が間延びするスタイルになります。会議や報告が終わった後に、会議での指示事項の対応や事務作業が発生するため、帰宅できない、ますます長時間になってしまうといった現象も起きています。

　もう１つの典型例は、夕方以降に発生する何らかの顧客対応です。一般的に顧客対応業務は優先度を上げて行うべきものです。ただし中には必ずしも即時対応を行わなくてもよいものが含まれている可能性もあります。いったんは受けても「先日付、時間」へと納期調整することで、即時対応は回避できるかもしれません。また、こちら側が顧客のコントロールができておらず、夕方以降の対応が常態化しているため、依頼されている可能性もあります。したがって、まったく改善余地がないわけではありません。

図表 2-53 日中の改善の考え方、朝・夕方・夜時間帯の改善の考え方

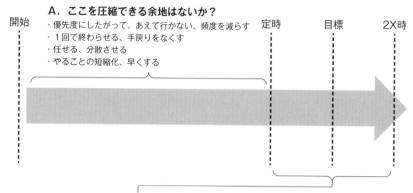

実際に各業務・仕事がどの時間帯に発生しているか、実態を見える状態にしましょう。

まずは、すでに作成した業務体系表（57頁）を用いて日報を作成します。各個別業務がどの時間帯に発生したか、調査対象部門メンバーに個別に記録してもらいます。加えて発生した業務（特に朝、夕方、夜の時間帯に発生し、長時間勤務の直接的原因となっているもの）は、その業務の間接的・直接的な発生要因は何か、またそれらの緊急性を併せて記録してもらいます。

これらの記録と分析の後に、各種業務が該当時間帯からそもそも排除できないか、別の時間帯にずらせないか、複数人で実施することで1人あたりの業務量を軽減化できないか、などの検討につなげていきます。夕方・夜発生した対応結果について、その「対応是非」を上司に判定してもらうとよいでしょう。判定すると「結果的にその時間帯に対応しなくてもよかった」、「調整・交渉すれば先にずらせた」といったケースはけっこうあるものです。

II ワークスタイル改善

図表 2-54 業務発生時間帯調査フォーマット

No	機能(大分類)	No	業務(中分類)	No	処理手順(小分類)	発生時間帯						トリガー(仕事の発生元)			緊急度			難易度		対応基準	
						:00	:10	:20	:30	:40	:50	スタッフ	顧客	社内	緊急	後処理可	シェア可能	不可能	有り	無し

Step 2 業務を見える化する

　次頁の図表2-55は「業務発生時間帯調査フォーマット」の記録データを集計したものです。顧客対応業務、内勤事務作業、会議・ミーティング等の業務がどの時間帯に発生しているかを大くくりでまとめています。図表の例の場合、夕方の定例ミーティング時間帯に向けて、様々な対応業務を実施しており、ミーティングの結果発生したさらなる対応業務を夜に実施する働き方になっていました。ここから、ミーティング時間帯をもっと早くすることで、日中で対応業務がおさまるように改善しています。

図表 2-55 業務発生時間帯調査まとめの例

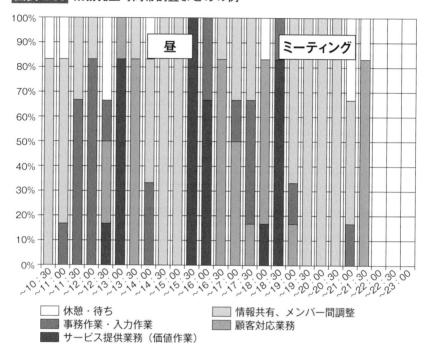

予定実績の見える化

■タイムマネジメントの効果とは

　前項（135頁）で説明した「どの業務がどの時間帯に発生しているか？」は一時の分析、見える化です。最終的には月、週、日々と、常に見える化された状態をめざしましょう。しかも「やった結果」実績だけではなく、「本来自分が意図していた」予定と併せて記録することが重要です。この予定と実績の記録化・見える化はいわゆる「タイムマネジメント」と呼ばれます。

　タイムマネジメントとは、毎日の過ごし方をより充実させる（実施レベルを上げる）ことを目的として、時間を蓄え、有限のものとして扱う行為や考え方です。具体的には、どんなことに、どの程度の時間を使うべきかを事前に考え、目に見えるように計画します。その上で、計画した通りに時間を使い、意図した成果、結果を達成するように、日々の時間を意識的に活用することです。

　タイムマネジメントに取り組むことで以下のような効果が期待されます。

- 仕事の抜け・漏れやミスをなくし、やり直しを減らすことができる。
- 「ルーチンに追われている」「本来やりたいこと、腰を据えて考えたい業務の時間が取れない」「やっつけ仕事」といった状態を、優先度を決めることで変えていく。バタバタした日常から抜け出し、ゆとり感を生み出す。
- タスク内容を皆で共有できるため、協力し合う、優先度を変えるといったチーム全体での負荷低減や分散が図ることができる。
- タイムマネジメントの効果は、仕事に限らず生活の場に拡大することも可能。結果として、プライベートの充実も期待できる。

■予定実績の記録方法

　タイムマネジメントの考え方・方法論は以前から個人のビジネススキルとして扱われていましたが、今は部門・チームメンバー全体のマネジメントツールとして着目されています。個人それぞれの時間を管理するのではなく、チームメンバー全員の時間を管理することが可能になるからです。
　具体的には次のステップで予定実績を記録します。

①月や週の2つのゴールを想定する
　まず1つめは、細かいタスクを想定する前に、今週もっとも重要なゴール、成果物は何かを想定しましょう。それらゴール実現のために何を行わなければならないのか、ブレイクダウンしていくのです。
　もう1つのゴールは時間です。何時間で実施するか、目標時間や枠を考えましょう。8時間で5営業日なら40時間です。9時間で5営業日なら45時間です。「時間は無限」ではありません。このように「時間は有限」と意識を切り替えて考えることが何よりも大切です。

②1日の業務・仕事をブレイクダウンする
　ゴール、成果物につなげる活動・行動を、「第三者が見て具体的な動きがわかる表現」でなるべく細かく分解し、記録します。このタスクのばらし方が時間管理の精度を決めるのです。日々の業務・仕事はどのようなものがあるか、ばらし方・ブレイクダウンの目安を挙げてみます。
「計画の検討、作成」「資料等の全体構成の検討」「情報収集、一次分析」「個人でのアイデア出し」「集計・一次まとめ」「社外との情報共有・調整のための訪問・面談」、「社内との情報共有・調整のための面談（会議・ミーティング・報告連絡相談）」「資料まとめ」「定例作業」などです。これらの要素を「取り組み課題」と「業務種類」別にブレイクダウンし、書き出してみてください。例えば「今日1日資料を作る」ではいけません。その資料作成の目的は何か、そもそも優先度が高いものなのか、果たして1日かかるものなのか、中身や要素がわからないと第三者が「正しさ」を判定できないからです。

資料作成も本来は「構成を考える」「中身を考える」「資料の紙面を作る」と行動が分解されます。

③ブレイクダウンした業務・仕事に優先順位を付ける

　ブレイクダウンした業務・仕事が今日1日の時間枠でおさまるか考えましょう。おさまらない場合は優先順位を付けて取り組む必要があります。優先順位の区分の代表的なものは「緊急度・重要度マトリクス」です。これらの仕事はそれぞれ「急いで取り組むべきものか、そうではないか」「取り組まないことによる影響度が大きいものか、そうではないか」と考え、「緊急かつ重要なものから着手すべきもの」を選定するのです。

④1日取り組むべき業務・仕事の予定時間を想定する

　ブレイクダウン・選定した業務・仕事それぞれに、「何分時間をかけて取り組むか」予定時間を書きます。このタイミングでの時間単位は1時間以内になっていることが重要です。ブレイクダウンした結果が15分〜30分程度、長くても1時間の枠になっていることが目安・目標です。もしそうなっていないようなら、ばらし方が粗い可能性があります。再度もう少し細かいステップに分解できないか追加で考えてみましょう。

④予定時間通り業務・仕事に取り組む

　それぞれ設定した予定時間を意識し、各業務・仕事に取り組みます。細かい枠単位でゴール時間が達成できれば、1日の全体時間も圧縮できるはずです。

⑤予定時間通り業務・仕事ができたか1日を振り返る

　1日が終わったら、予定に対して「できた／できなかった」の実績を記録します。予定通り終わったものもあれば、意外と手間取って時間がオーバーしてしまったものもあるはずです。時間オーバーは予定の見積り精度が低く、進めるための組み立て不足・段取りが足りないなど、自分の仕事を進める腕前が低いことの現われです。

　一方で「意外と早く終わってしまった」という業務もあるかもしれません。

じつは、それも見積精度が低いということであり、本来のぞましいものではありません。少なくともその仕事の取り組み予定時間として確保していた枠は、計画上有効に活かせていなかったことになるのです。

　予定と時間を最も大きく狂わす要因は、予定では想定できなかった突発業務です。ただしこの突発業務にも即時対応しなければならないものと、受け方によっては日時をずらすことで突発化させずに先の予定に組み込んで対応できるものがあります。1日を振り返る際、本当に優先度が高いものだったのか、日時・納期をずらせるものはなかったか、併せて振り返りましょう。

　タイムマネジメントでもっとも重要なポイントは、この「できた／できなかった」を日々振り返る行為、習慣づけです。振り返る、反省することで「次回はこうすればよい」と段取りができる力や仕事の腕前を少しずつ上げることができるのです。

⑥ 1日の予定実績のメンバー間共有

　個々人の予定実績づけは従来のタイムマネジメントの取り組みです。個人の記録化に慣れてきたら、それらの情報を上司・管理職も含め部門・チームメンバー全員で共有しましょう。共有のタイミングは朝一番です。これによって周りのメンバーの動き方も知ることができて、情報共有・ミーティングのタイミングや納期時間調整といった1日の段取りを考えることができます。この段取りは「仕事の同期化（実施タイミングを合わせること）」につながります。オフィスの業務では、メンバー間で同期化が取れないことで、ちょっとした仕事の間延びや待ちが発生したり、時間が十分に取れずに仕事を完了させるといったことが方々で多発しているのです。こういった不具合を解消するには、チームメンバーで予定を共有することが有効です。

■「予定を記録する時間がもったいない」という声にはどう対処する？

　予定実績の記録を試みると、「予定を考えて記録する時間がもったいない」「早く仕事に着手したほうがよい」という声が聞かれます。もっともな話ですが、そもそも予定を考えるのに時間をかけすぎること自体が問題です。

確かに活動を始めると30分以上かかる人、またそもそも書けない人も出てきます。予定作成に時間がかかるのは仕事を論理的にブレイクダウンすることが訓練されていないからです。しかし慣れてくると、これらの作業は10分程度でできるようになります。10分程度で1日の段取りを考え、仕事の漏れや時間のかけすぎを防止できるのであれば、やるべきでしょう。

また書けない人の中には「相手の対応を待って仕事に着手する」スタイルの業務に従事する場合が多いのも確かです。これは致し方ないことですが、それでも部門・チームとして主体的に取り組むべき仕事もあるはずですから、それらをブレイクダウンして、対応予定業務と併せて取り組みましょう。

これらの予定実績の記録化は、メールや、Excelなどの表計算ソフトを使うと便利です。もっとも手軽なのはメールの活用です。朝のタイミングで30分〜1時間単位で何の業務・仕事を実施するのかを、テキスト化し、部門・チームメンバー宛にメールします。また一覧性を確保したい場合は表計算ソフトでフォーマット（図表2-56）を作成し、共有サーバーで保管・運用するとよいでしょう。

図表 2-56　予定実績の記録用フォーマット①

取組テーマ優先度順	今週のゴール	タスクリスト	完／未完	月 予定	月 実績	火 予定	火 実績	水 予定	水 実績	木 予定	木 実績	金 予定	金 実績
1													
2													
3													
4													
5													
日々投入人時と週末結果		予定 目標就業時間	実績 ＝＝ 0%	0	8	0	8	0	8	0	8	0	8
コメント今週の目標・日々・週末結果													

また、「相手の対応を待って仕事に着手する」スタイルの業務に従事する場合はまずは「対応予定業務」「主体的に取り組む業務」と分けて予定を立てます（図表2-57）。

図表 2-57 予定実績の記録用フォーマット②

業務分類	予定・予測／実績入力		8	9	10	11	12	13	14	15	16	17	18	19	20	時間	本人コメント
情報共有		予定														0	
		実績														0	
レベルアップ業務		予定														0	
		実績														0	
		予定														0	
		実績														0	
定例処理	前日残＋優先度高	予定														0	
		実績														0	
	予測分	予定														0	処理件数
		実績														0	
		実績														0	
		実績														0	
		実績														0	
		実績														0	
																予定	0	＝＝
																実績	0	

Step 3

改革・改善の基本方向を決める

1

そもそも問題とは何か？

■問題や課題はいくらでもあるもの

　業務改革・改善活動では、何をどう減らしていくのか、そうすると何がよくなるのかをきちんと説明できるような改革のシナリオを設定することが大切です。このように、「何をどう減らしていくか」を検討する際には、多くの場合、問題解決アプローチがとられます。これは、認識している問題を解決する対策をとることで、効率化や業務品質向上といった成果を出していくアプローチです。

　では、そもそも「問題」とは何でしょうか？　まずはここからご説明しましょう。
「問題」をひと言で言えば、「あるべき姿と現状の姿とのギャップ」です。

　例えば、現状の姿が「100回業務を行うと5回ミスが発生する」場合、あるべき姿は「ミス0回」ですので、現状の姿とあるべき姿のギャップである「100回に5回ミスが発生している」ことが「問題」です。これは、すでに問題が顕在化している例なのでわかりやすいでしょう。

　では、もう1つ、別の問題設定の例を挙げます。現状の姿が「ある業務1回につき、5分かかっている」場合、現状の1回5分で満足している場合は、現状の姿とあるべき姿にギャップはありませんから、「問題」はないことになります。ですが、ここで現状に満足することなく、あるべき姿を「業務を1回3分で行う」と置いた場合は、現状の姿とあるべき姿のギャップである「1回あたり2分多く時間がかかっている」ことが「問題」になります。

　このように、現状に満足せず、あるべき姿を高く設定すれば、いくらでも問題や課題はあるのです。しばしば「うちに問題はない」と耳にすることがありますが、ひょっとすると、現状に甘んじて単に「あるべき姿」のレベル

が低いだけかもしれません。「問題がないことが問題だ」というフレーズがありますが、まさにこういったゆるみを言いあてた発言です。

■問題に気づくための3つのポイント

問題に気づけるようにするためには、いくつかのポイントがあります。

1つめは、「自分や組織には、必ず改善する余地がある」と認識することです。問題にいち早く気がつくこと、多くの問題に気づくことが企業の競争力の源泉であることを理解しましょう。

2つめは、「現状を正しく認識しようとする姿勢」を持つことです。これまで最大限に努力をしてきたと思っていても、必ず問題があるという姿勢を持つのです。そしてStep2で説明したような様々な見える化の手法を使って実態を捉えましょう。

3つめは、「目標や基準（本来あるべき状態）は何かを冷静に捉える」ことです。会社や自部門であたりまえとなっている常識を疑ってみるのです。それでも難しければ、お客様の視点に立って常識的なレベルを想定してみるとよいでしょう。

図表 3-1　問題とは

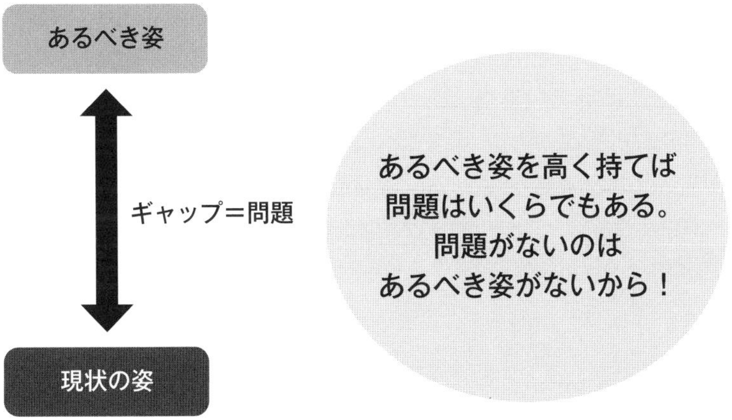

あるべき姿

↕ ギャップ＝問題

現状の姿

あるべき姿を高く持てば問題はいくらでもある。問題がないのはあるべき姿がないから！

■あるべき姿を設定するための視点

　あるべき姿は生産性、品質、コスト、納期、安全性、志気の6つの視点、PQCDSMで設定します。

　Pは、Productivity、つまり生産性の視点です。あるべき姿を、より少ない工数で業務遂行するように設定します。

　Qは、Quality、つまり業務品質の視点です。あるべき姿を、よりミスが少なく、より質の高い成果物・サービスレベルとするように設定します。

　Cは、Cost、つまり原価や費用の視点です。あるべき姿を、より低いコストで業務遂行するように設定します。このコスト低減は、仕入れ原価を低くすることだけでなく、より人件費を安くするために派遣社員やパート社員への業務移管を進めることや外部委託も含みます。

　Dは、Delivery、つまり納期の視点です。あるべき姿として、より高い納期遵守率や業務遂行にかかる期間の短縮を設定します。

　Sは、Safety、つまり安全の視点です。ケガをしない、疲れにくい方法を検討するなど身体的な安全性が含まれるのはもちろんのこと、オフィスワークの場合は、個人情報や機密情報の情報流出防止や業務上の不正防止の視点が中心になります。そのため、あるべき姿として、個人情報や機密情報の情報流出防止や業務上の不正防止の観点で、安全性高く業務遂行できている状態を設定します。

　Mは、Morale、つまり志気の視点です。これは担当者のやる気や倫理観の領域です。あるべき姿として、よりモチベーションが高く、倫理観高く業務遂行できる状態を設定します。

　PQCDSMの視点で見ていくと、あるべき姿として今より高いレベルを設定すべき視点は必ずあるはずです。1つでも複数でも構わないので、あるべき姿を設定してみてください。それによって現状の姿とのギャップからおのずと問題が設定されます。

I　業務プロセス改善

図表 3-2 あるべき姿を描く視点

社内業務の観点
- Productivity（生産性）… より高い生産性で（成果／コスト・時間）
- Quality（品質）……………… より高い品質で（※ミスの低減に限らない）
- Cost（コスト）………………… より安いコストで、より適切なコスト配分で
- Delivery（納期）…………… より短納期で、納期遵守で、全体をより短い期間で
- Safety（安全）……………… より安全に（個人情報保護、現場の安全性）
- Morale（志気）……………… よりやる気が出るように、より高い倫理観で

お客様の観点
- Productivity（生産性）… 対価やお客様の手間に見合った成果・メリット
- Quality（品質）……………… 期待通りまたは期待以上の質（＊期待把握が前提）
- Cost（コスト）………………… お客様のコスト、時間の最少化
- Delivery（納期）…………… 納期遵守、クイックレスポンス
- Safety（安全）……………… 安全、安心
- Morale（志気）……………… 気持ちよく、快適に

Step 3　改革・改善の基本方向を決める

■設定した問題次第で解決策は変わる

　問題や課題を設定することは、業務改革において非常に大事な作業です。問題が設定されるとおのずと改革方向性が決まってきます。つまり、問題の設定の仕方次第で改革方向性（解決策）が変わってくるということです。解決策が変わると当然改革成果まで変わってきます。したがって、問題点の設定は業務改革において、解決策および改革成果を左右する重要な工程と言えます。

　大切なところですから、わかりやすい例で考えてみましょう。

　ホテル・旅館業のお客様センターに届いたお客様の「浴衣が『大』しかなかった」という声に対する問題設定の例です。

　このお客様からの声に対して、「清掃担当者が『大』以外を置き忘れた」と問題設定した場合、対策方向は清掃担当者のミスを減らすことになり、対策としては、チェックリストを用意するなどが考えられます。

　一方で「予約の時に『大』以外も必要か確認していない」と問題設定した

場合、対策としては、予約受付の際の確認が考えられます。

　さらに、「浴衣が『大』しかない」と問題設定した場合は、対策は、浴衣の「小」を用意することになります。

　おわかりでしょうか？　このように、3つの問題設定をしたことで、3つの異なった対策が生まれるのです。

　また、この3つの問題設定はそれぞれ間違いではありませんが、さらに突っ込んで真因を把握・考察して、「子ども向けの浴衣が欲しいという要望に答えられず、子どもにも大人用で間に合わせてしまっている」と問題設定した場合には、対策は、子ども向けのサービス開発になります。具体的には、小さいサイズの浴衣を用意するだけでなく、さらに発展させて、パジャマの用意や子ども向けのレストランメニューを拡充など、顧客満足度を高める対策へと広がっていきます。

　このように、問題の設定次第で、解決策や改革・改善の成果が異なってきますから、問題設定は慎重に行う必要があります。

図表 3-3　問題の設定の仕方で解決策も変わる

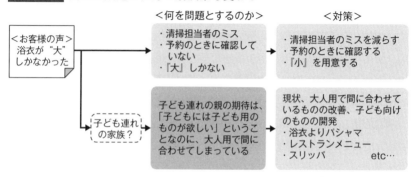

Ⅰ　業務プロセス改善

「よりよい問題点」にするためのポイント

■「問題」を固める４つのポイント

　前項で、問題点は設定がとても重要だと説明しましたが、同時に、問題解決を阻む最初の大きな障壁として、「問題点をうまく表現（記述）できない」という問題にぶつかることがあります。その結果、事実とは異なった形で問題が認識されてしまう、ある人が問題として主張していることが、他の人には問題として認知されない、同じ問題について、違う表現で主張する意見がぶつかり合い、議論がかみ合わないといった現象が起きることがあります。

　問題点を、わかりやすく的確な「表現」に落とし込むことは、じつはかなり難しい作業です。ここでは、「よりよい問題点」を形にするための４つのポイントを説明します。

①事実を簡潔に表現する

　だらだらと長い問題点はわかりづらくなります。１文で事実は１つとし、簡潔に表現するとわかりやすくなります。箇条書きで17文字など字数制限を課すのも効果的です。

②定量的に表現する

　「ミスが多い」と問題点を表現しても人によってはミス率１割くらいと捉えたり、３割ぐらいと捉えたりと、問題点の認識がブレてしまいます。その結果、問題の大きさ、改革優先度の認識がズレてしまいます。

　そのようなことをなくすためには、「ミスが１割ある」「ミスが10回に１回発生している」のように定量的に問題点を表現する必要があります。

図表 3-4 定量的に問題点を表現する

- ファイルの<u>使用頻度</u>にムラがある → どの程度の**頻度差**なのか
- 書類を探し出すのに<u>時間</u>がかかる → どの程度の**時間**なのか
- <u>自分専用</u>の書類が多い → どの程度の**種類数**なのか
- 全員の<u>共通書類</u>を個人で持っている → どの程度の**種類数**なのか
- <u>保管場所</u>が離れている → どの程度の**距離**なのか
- 他の人の<u>ファイルの方法</u>がわからない → どの程度の**種類数**なのか
- <u>書類の大きさ</u>が不統一 → どの程度の**種類数**なのか
- 書類を<u>ファイル</u>するのに時間がかかる → どの程度の**時間**なのか
- <u>不要書類</u>が捨てられていない → どの程度の**枚数**なのか
- <u>必要書類</u>に抜けがある → どの程度の**枚数**なのか

③5W1H1Vで具体的に表現する

　問題点は具体的に表現します。漠然とした印象を避けるため、5W1H1Vの視点を活用します。

　例えば、「残業が多い」という問題があり、これを5W1H1Vで深掘りして問題点を設定していくとします。問題点が深掘りされることで、より有効な対策を立てられるようになります。

・What（目的）：残業して何をしているのか？
　　例）終業時間直前に発生した業務遂行のため残業している
・When（時間）：いつ残業しているのか？
　　例）月末3営業日の残業が多い
・Where（場所）：どこの部署、どこの拠点が残業しているのか？
　　例）経理部の残業が多い、大阪支社の残業が多い
・Who（人）：誰が残業しているのか？
　　例）経理部鈴木さんの残業が多い、管理職の残業が多い
・Why（理由）：なぜ残業しているのか？
　　例）仕事量が多いため残業が多い
・How（方法）：どのようなやり方で残業をしているのか？

例）上長へ事前申請なく残業を行っている
・Volume（量）：残業はどの程度の時間しているのか？
例）月に60時間残業が発生している

図表 3-5　5W1H1Vで具体的に問題を表現する

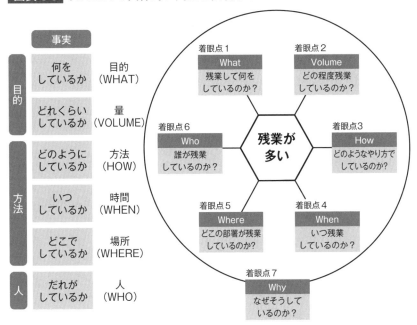

　なかでも、Why（理由）の視点は特に重要です。問題を掘り下げる力は、問題を表現する力と合わせて重要なスキルです。「なぜこのような状態になっているのか？」と「なぜ」を繰り返して問題点をどんどん掘り下げる「なぜなぜ分析」で、深層の問題点（真因）を見つけてください。対策方向はそれを裏返したものですから、おのずと有効な対策がとれるはずです。
　例えば、「スキルやノウハウが不足している」という問題の場合、このままでは結果の状況にとどまっており、深層の問題点までたどりついていません。したがって、様々な対策が想定され、どの対策が有効なのか判断がつきません。

そこでさらに、「スキルやノウハウが不足しているのはなぜか」と掘り下げて考えてみます。そして、「スキルやノウハウを教える機会がないため、スキルやノウハウが不足している」ことが見つかれば、スキルやノウハウを教える機会（場）を設ける方向に対策を立てます。

　一方で、「スキルやノウハウを学ぶ意識が低いため、スキルやノウハウが不足している」ことにたどりついたら、スキルやノウハウを学ぶ意識を高める対策が浮かび上がります。

図表 3-6　「なぜなぜ」による問題点の原因（深層問題点）分析

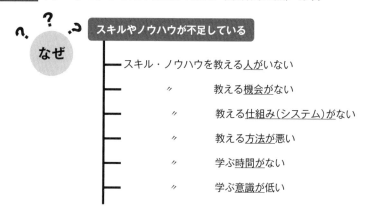

④ 主体的に問題点を表現する

　問題点は解決するために考えるものです。そのため、「天候が悪いから売り上げが上がらない」といった与件的なものや「他部署が悪い」といった責任転嫁するようなものであってはなりません。他部署が悪い状況がなぜ発生するのか、なぜ自分が他部署をよくできないのかとさらに突っ込んで、主体的な視点で問題点を設定します。

　例えば、「他部署からの作業依頼書の記入ミスが多い」場合に、他部署が悪いと考えて、そこで検討をやめてしまうと何も解決されません。逆に、記入ミスが多い原因を考え「作業依頼書のフォーマットが記入しにくい」「作業依頼書の記入方法を説明していない」と主体的に問題設定すると、記入しやすいフォーマットへの変更や記入例の提示といった対策をとることができ

ます。
　このように、自分事として主体的に問題点を設定することで、自ら対策をうち、解決できるようになります。

■"悪い"問題表現とはどんなものか

　よりよい問題点とするためのポイントの説明をしましたが、最後に、悪い問題表現について説明します。問題点を設定した際に、このような問題表現になっていないかチェックしてください。

①疑問型「〜するにはどうすべきか？」
「販売目標を達成するにはどうすべきか？」といった疑問型は問題表現ではありません。販売目標を達成できないのが問題であり、その原因を「なぜ」で掘り下げてたどり着いた「何がなんでも販売目標を達成するという営業の目標意識が低い」といった問題点を設定することで対策につながります。

②願望型「〜したい」
「売上を2倍にしたい」といった願望型は問題表現ではありません。売上を2倍にできないことが問題であり、その原因を「なぜ」で掘り下げてたどり着いた「営業人数が足らないため、未開拓市場への営業対応ができていないため、売上拡大できない」といった問題点を設定することで、対策につながります。

③対策型「〜すべきだ」
「チェックシートを使うべきだ」のように、すでに対策が盛り込まれた対策型は適切な問題表現ではありません。なぜなら、それに対してはチェックシートを作るという対策しかなくなるためです。本来であれば、ミスが発生しているのが問題です。そうすると、チェックシートの使用だけでなく、担当者のスキルアップやミスに気づきやすい帳票とするなど様々な対策がとれます。
　対策の幅を狭めないためにも問題には対策表現を入れてはいけません。

④漠然型「〜が問題だ」

「本社と現場のコミュニケーションが問題」は漠然としていて、何か問題なのかわからないため、適切な問題表現ではありません。

「本社からの連絡が遅く、現場で手戻りが発生している」のように、具体的な問題点を設定することで対策につながります。

特にコミュニケーションが多い、少ないなど、受け手と話し手で認識にずれが生じるようなあいまいな表現は使ってはいけません。

⑤与件型

「景気が悪いため売上が落ちこんできた」といった、変えられない与件型の問題点は対策につながりませんので、適切な問題表現ではありません。主体的な問題設定をすることが大切です。

図表 3-7 "悪い"問題表現の例

1. 疑問型　〜するにはどうすべきか
例）販売目標を達成するためにはどうすべきか。

2. 願望型　〜したい
例）売上を2倍に増やしたい。

3. 対策型　〜すべきだ
例）チェックシートを使うべきだ。

4. 漠然型　〜が問題だ
例）本社と現場のコミュニケーションが問題だ。

5. 与件型　対策と結びつかないことを問題視する
例）景気が悪いため売上が落ち込んできた。

● 問題の「現象」ではなく、問題の「本質」につながる表現で記述すること。
● 問題のつかみ方がおかしいと、そこから導き出される対策もおかしくなってしまう。

I　業務プロセス改善

改革・改善対象の重点化

■目的別に２つの観点で重み付けする

　業務改革を行うにも工数、コスト、期間がかかるため、すべての問題点を解決することは現実的ではありません。そこで、効率化や業務品質向上など成果の大きい改革・改善対象に重点を置くことになります。

　なお、改革・改善対象を選定する際は「成果の大きさ」だけでなく、「実現可能性」も考慮する必要があります。なぜなら成果が大きくても、改革を実現できなければ「絵に描いた餅」となるからです。

　「実現可能性」は、通常、改革・改善にかかるコスト、実現までにかかる期間、工数、部門間の調整必要性などをポイント化するなどして、総合判断します。部門間調整の必要性を考慮するのは、自部門以外を巻き込んで改革する場合、実現へのハードルが高くなるためです。

　「成果の大きさ」は、現状の業務量やミスの多さなど改革目的をもとにした成果目標と現状のギャップの大きさを評価し、改革・改善対象を重点化します。

■目的別重点化のポイント

①効率化目的

　現状業務量がかかっている業務を中心に改革対象とします。業務量調査結果をもとに、業務量が多い業務を中心に重点化します。

②業務品質向上

　ミスが多い業務やミス発生時の影響度が大きい業務や顧客満足度が低い業務を中心に改革・改善対象とします。ミス件数が取得できている場合は、ミ

ス件数が多い業務を中心に改革・改善対象を重点化します。

③**コスト（支出原価）削減**

　支出原価の低減が目的であれば、支出原価が多い品目や業務を中心に改革・改善対象を重点化します。

④**安全性向上**

　個人情報や機密情報の保護など内部統制やセキュリティの強化が目的であれば、個人情報や機密情報を扱う業務を改革・改善対象とします。また、個人情報や機密情報がある業務の中では、情報流出時のインパクトの大きさ（取り扱う情報内容）を考慮して改革・改善対象を重点化します。

⑤**属人化解消**

　属人化している業務を改革・改善対象とします。また、属人化している業務の中では、業務継続できない場合のリスクやインパクトの大きさから改革・改善対象を重点化します。

図表 3-8　改革・改善対象選定の考え方

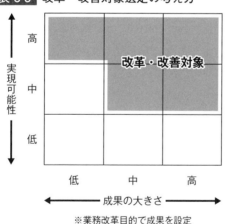

※業務改革目的で成果を設定

I 業務プロセス改善

改善視点ECRS

■ECRSとは

　改善策を検討する際に、基本動作としたい基本的な改善発想視点としてECRSがあります。耳慣れない言葉ですが、ECRSの各アルファベットは改善発想の視点を示しています。EからSまで順を追って改善発想を行っていきます。早速、ECRSの各視点を見てみましょう。

　EはEliminateの略で、「排除」を意味します。該当する業務そのものや、1つひとつの作業ステップをなくせないかと考えます。改善を考える際には、まずこの項目から考えます。なぜなら、排除、つまり、やめるということは、今日からすぐにコストをかけずにできる施策であり、改善効果が大きいからです。

　排除できない場合に次に考えるのが、Cです。Cは、Combineの略で、「結合・分離」を意味します。「結合」では、2つの業務または作業を同時にできないかを考えます。もともとは工場の現場作業で右手と左手を同時に使用できないか、手と足を同時に使用できないか等を考えるところから生まれた発想です。オフィスワークでは、複数担当者がそれぞれ作っている2つのデータ作成業務を1つの帳票に統合することなどが、このCにあたります。一方の「分離」では、1人で行っている作業を分担して2人で同時並行して進めることで、スピードアップや習熟性向上ができないかといったことを発想します。

　Rは、Rearrangeの略で「入れ替え・代替」を意味します。作業の順序や作業タイミングを変えることで改善できないかを検討します。例えば、チェックを業務の最後ではなく、途中で実施した方がミスによる手戻りが少なくてよいのではないかなどと発想します。また、実施部門をA部門からB部門に変える、実施者をAさんからBさんに変えるといった分担変更も該当し

ます。

　最後にSです。SはSimplifyの略で、「簡素化」を意味します。もっと楽に簡単に業務遂行できる方法はないかと発想します。例えば、レイアウト変更でプリンターやよく使うファイルを近くに配置して、歩行を少なくするといった対策もこれにあたります。

　また、システム化・自動化もこのSに含まれます。大事なのは、改善策としてしばしば発想されるシステム化は、最後に考えるという点です。なぜなら、最初にシステム化を考えるとムダを含んだ業務のやり方でシステム化してしまうことが多いからです。そのため、まずムダをなくした業務のやり方を設計した後にシステム化するために、最後にSを考えます。

　このECRSは、覚えやすく基本的な改善発想方法ですので、業務改革・改善を行う際には、是非活用してください。

図表 3-9 改善発想方法ECRS

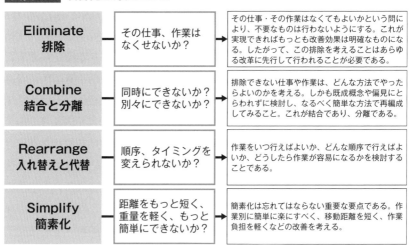

- 原則として E ➡ C/R ➡ S の順に改善案を出していく。
- Eは仕事、作業そのものをなくす改善であり効果が大きいため、先に考える。
  逆にSは、機械化、自動化という安易な改善に走りがちなため、一番後に考える。

改善の8視点

ECRSとともに基本的な改善発想視点として、業務改善5つの視点と働き方改革3つの視点からなる改善の8視点があります。それぞれの視点の考え方について説明します。①から⑤は、業務を見る視点、⑥から⑧は、部門の運営ルールを見る視点になっています。

■業務を見る5つの視点

①機能設計・追加

「やるべきなのにやれていない仕事はないか」という観点で、強化すべき業務を洗い出します。また、他部門から要求されている仕事で、担当間、部門間に落ちている仕事を拾い上げることも含まれます。

②余剰・過剰・重複の排除

「目的が不明確な仕事はないか」、「その業務、その作業をやめてしまうことができないか」、「その業務の頻度や回数を減らせないか」という視点です。やめたら誰がどのように困るのかを考えて、やめることができないかを考えたり、会議や資料作成の頻度を週1回から2週に1回にするといったように頻度を削減することも含まれます。

③集中・分散・権限の見直し

「業務分担を変えることで効率化できないか」を考えます。担当部門・担当者の変更や、経験やスキルに応じた業務の配分、派遣社員などへの業務移管、外部委託化を考えます。また、「2人で分担している業務を1人でそのまま行った方が効率的ではないか」という集中化の改善発想もします。逆に「1人で行っている業務を2人で行った方が効率的ではないか」という分散化の

改善発想もします。

併せて、「権限委譲をすることで確認や承認業務を減らせないか」や、「職責者が確認することで、業務の品質安定化が図れないか」という権限の付与レベルの見直しも含まれます。

④基準化・標準化・システム化
「人によってやり方が異なる場合、やり方を統一できないか」を考えます。複数の担当者で業務を行っている場合、業務手順や判断基準が人によって異なっているために非効率になっていることがよくあります。基準化・標準化により、効率的で高品質な最もよい業務手順を設計し、可能であればその手順でシステム化することで、すべての担当者がこの手順を守って効率化できないかを考えます。「事前準備をもっとしっかりすることで、効率化できないか」などと計画的に段取りよく仕事をする観点も含みます。

⑤意欲・スキルアップ
「業務を遂行するために必要なスキルをメンバーが保有できているか」を確認します。担当者に十分な知識がないために非効率なやり方をしているケースはよくあります。そのためにスキルを棚卸しし、計画的にスキルアップを図る対策を検討していきます。また業務知識だけではなく、エクセルやパソコンの使い方など基礎的なスキルの勉強会などを行い、処理の迅速化を図ることも検討します。また、業務をよりよく変えていくことの必要性の理解や、改善提案制度の活性化などによる改善意欲の促進も検討することで、「継続的に改善が進む組織」作りも検討しましょう。

■部門の運営ルールによる視点

①働き方方針と計画化
「残業時間の削減目標の設定がされているか」、「各個人の予定や実績の見える化がなされているか」という観点で部門の働き方の確認をします。併せて、「突発的な仕事や急ぎ仕事に追われて計画が狂っていないか」という点も確認し、対応をしていきます。

図表 3-10 改善の8視点①業務改革5つの視点

① 機能設計・追加
- □ 部門ミッションから見た時にできていない仕事はないか
- □ 着手すべき仕事で、やりきれていないもの、強化すべきものはないか
- □ 他部門に求められている仕事で、できていないものはないか

② 余剰・過剰・重複の排除
- □ 目的がはっきりしていない仕事はないか
- □ 現行の資料、帳票、サービス等をやめられないか
- □ チェックをやめられないか
- □ サイクルを改めたり、頻度を少なくできないか
- □ 他の担当者でも同じようなことをしていないか

③ 集中・分散・権限の見直し
- □ 組織の仕事の負荷のバランスは適正か
- □ 分担を変える余地はないか、スキル・経験は適正か
- □ 集中化することで効率を上げられないか
- □ 分散化することで固定化した仕事をばらせないか
- □ 責任や権限が明確になっているか
- □ 派遣社員化、パート化、外注化できないか

④ 基準化・標準化・システム化
- □ 業務ミスによるクレーム対応や、手戻りが発生していないか
- □ 属人化によるボトルネックの発生や、業務停止リスクはないか
- □ 例外処理のルールは決まっているか、迷わず判断できるようになっているか
- □ 引継ぎはスムーズに行くか、マルチ化して負荷を平準化できるか
- □ 標準化・基準化した対象業務を情報システム化できないか
- □ 情報の一元化、活用ができないか

⑤ 意欲・スキルアップ
- □ 業務や働き方に問題意識を持っているか
- □ 業務や働き方を改革するためのスキルはあるか
- □ 業務や働き方を改革するリーダーはいるか
- □ 積極的に学習する時間作り、制度は整っているか
- □ 改革を推奨する社内風土になっているか

②情報共有と活用の高度化

「会議時間や回数が多すぎないか」、「内容に応じた適切なコミュニケーション手段を使えているか」、「過去の情報がきちんと蓄積されて、必要なタイミングで使えているか」という観点で、部門のコミュニケーションの状況を確認します。指示をする際のルール決めや社内資料の一枚化などの観点も含まれます。

③制度・ツール・ファシリティの活用

「会議室や打ち合わせスペースなどが有効に使われているか」「社員間のコミュニケーションを促進するような工夫がされているか」「社員の状況に応じた様々な勤務制度やルールが設定されているか」という観点で部門のルールや執務環境を確認します。ルールがあるため、またはないために必要以上な時間拘束がされている状況を見直していきます。併せて、社員間のコミュニケーションを向上させるような職場環境作りについても検討します。

　以上、改善の8視点を確認しながら、業務の問題点を洗い出してみてください。

図表 3-11　改善の8視点②働き方改革3つの視点

①	働き方方針と計画化	☐「働き方の方針」が明確になっているか ☐ 方針にしたがった「時間の使い方枠」が明確化され、徹底されているか ☐ 時間の枠を実現する業務計画があるか、それにしたがって仕事を進めているか ☐ 突発業務、急ぎ仕事に追われていないか ☐ 納期や成果物設定に従い、効率的に仕事を進めているか
②	情報共有と活用の高度化	☐ 情報共有の前提となる「コミュニケーションベース」の重要性が認識できているか ☐ 情報共有の数、時間、方法は適度かつ効果的か ☐ 相手に適時・的確に情報を伝えるルールは適正か ☐ 必要な情報・事例が蓄積され、活用されているか ☐ 情報共有・活用高度化のための現場の知恵出しが活性化しているか
③	制度・ツール・ファシリティの活用	☐ 現行のファシリティを十分に利活用できているか ☐ 制度やツール類は本来の運用はされているか ☐「社員の声」を活かした改善改革はできているか ☐ 事業・機能特性、外部環境変化に合わせた、さらなる改革余地はないか

I 業務プロセス改善

業務特性別の改善視点

Step 3 改革・改善の基本方向を決める

■4つの業務特性区分とその問題発生パターン

　じつは問題の発生パターンはそれぞれの業務特性よって異なっています。そのため、改善にあたっては業務特性の区分が有効です。

　ここでは、93頁で説明した「求められる裁量（自己判断・責任）の大きさ」と「求められる習熟性（慣れ・知識・頻度）の大きさ」の2軸による4つの業務特性区分、すなわち、「定型型業務」「ナレッジ集約型業務」「マネジメント型業務」「戦略・企画型業務」について、その問題の発生パターンと改革方向を説明します。

①定型型業務

　業務処理手順が決まっており、発生頻度が高く繰り返し行うタイプの業務です。業務処理手順の中に小さなムダがあると、業務実施のたびにそのムダを積み重ねることになり、結果として大きなムダが発生する傾向があります。そのため、業務処理手順をフローで見える化し、各プロセスについて詳細な業務内容を確認した上で、ECRS（159頁）や改善の8視点（161頁）を使って改善を行い、ムダを排除していきます。

　また、複数人で同じ業務を行っている場合、人によって業務処理手順が異なるためにムダが発生しているケースもあります。その場合は、手順書やマニュアルを整備して教育することで、業務の標準化を推進します。その上で標準化された業務を前提にシステム化を進めます。

　定型型業務は、自分で判断が求められることが少ないため、総合職から一般職、正規社員から非正規社員というように、賃率が高い人から低い人へ業務移管を図っていきます。業務工数という意味では効率化ではありませんが、

賃率が下がることで業務コストを低減することができます。

②ナレッジ集約型業務

　習熟や専門性が求められる業務です。発生頻度が年1回などと低いため、実践教育の場が少なく、スキル移転をしにくいという特徴があります。したがって、業務に対して不慣れなために非効率になりがちで、業務品質も安定しないといった問題が発生しやすい傾向にあります。

　この業務の改善については、不慣れを補うためのノウハウの蓄積と活用、いわゆるナレッジマネジメントがポイントになります。ナレッジマネジメントを行う際は、気軽にナレッジを登録できる仕組み作りと、活用時に検索しやすい仕組み作りがポイントです。

　また、めざす方向の1つとして、教育によって担当者の専門スキルを高めることも考えられます。教育に時間がかかる場合や内部人材だけで業務継続していくリスクや難易度を考慮して、専門業者へ外部委託を行うことも検討します。

③マネジメント型業務

　業務の状況を進捗管理し、都度判断・調整を行っていくタイプの業務です。都度判断を検討することで時間がとられたり、判断ミスで不具合が発生するなど、人によって判断が異なるといった問題が発生しやすい業務です。そのため、改善の方向としては、判断基準の明確化が真っ先に挙げられます。

　この業務は、十分にやらないと不具合が発生し、その対応に時間がとられるといった問題が発生する一方、やりすぎることによるロスが発生しやすいという性質もあります。そのため、担当者のマネジメント方法の標準化も1つの改善になります。具体的には、状況確認・報告を行う際の方法（会議、資料等）やマネジメントツールおよびマネジメントのサイクルを設計が挙げられます。

④戦略・企画型業務

　部門の価値向上のための企画立案を行う、創造的かつ戦略的な業務です。

Ⅰ　業務プロセス改善

　この業務は、事前に成果物が定義されていないために、業務依頼者の要望を満たせずに、手戻りが多くなることや、逆に時間をかけて作り込みすぎてしまうといったケースが多く発生します。そのため、仕事を依頼する際・受ける際に成果物の要件をしっかりと定義する必要があります。また、手戻りを減らすために、方向性や骨格が見えた段階で中間レビューを行うといった改善策がよくとられます。

　また、かけようと思えばいくらでも時間をかけることができるという特徴もあります。例えば、企画書作成のケースでは、一度作成した企画案の見直しをしたり、よりわかりやすくなるよう何度も資料を修正したりと、いくらでも「仕事」を作って時間をかけることができてしまいます。そのため、成果物の定義だけでなく、どれくらい時間をかけることが適当なのか、基準時間を定めて時間管理をする必要があります。

　この業務は部門としては重要度が高い種類のものですが、逆に、日常業務に追われると、そのための時間が割かれなくなるという特徴もあります。そのため、時間のかけすぎの防止だけでなく、求める成果を出すために最低限必要な時間をしっかり確保するという点でも時間管理が必要です。

Step 3　改革・改善の基本方向を決める

図表 3-12 業務特性別の改善視点

業務特性		問題の発生パターン	改善の方向性
定型型業務	●「業務内容」「処理方法」「処理時間」「処理頻度」がある程度固定的な業務	●業務の処理レベルで、動作のムリ・ムダ・ムラが潜在化している ●バラつきが発生し、業務パフォーマンスが一定化しない ●属人化によるブラックボックス化	●ECRS、改善の8原則適用による業務処理のムダ排除 ●業務手順の標準化、システム化 ●非正規社員や外部委託の活用
ナレッジ集約型業務	●「知識」「情報」「経験（知）」が求められる専門的業務 ●発生頻度が低くスキル移転がやりにくい	●ノウハウを共有化していないため、不要な業務を行なったり、必要以上の時間をかけている	●業務手順の標準化、システム化 ●ナレッジマネジメント強化 ●担当者の専門スキル向上 ●外部専門委託業者への業務委託
マネジメント型業務	●現場の状況を確認し、都度判断・調整し、業務の進行をスムースにする業務	●判断基準のばらつきによる品質問題および修正・手戻りによる非効率 ●承認プロセスの停滞（スピードの遅さ） ●過剰すぎる管理	●判断基準の標準化 ●承認ワークフローの簡素化と適正制御 ●担当者のマネジメントスキル向上 ●官僚主義の排除
戦略・企画型業務	●業務の全体を把握し、方針を踏まえ、業務のアウトプット水準の向上、業務全体のイノベーションを行う業務	●不明確なアウトプットによる修正・手戻りの非効率 ●時間および品質の管理不在	●業務上流でのアウトプット定義 ●タイムマネジメントの導入強化 ●成果とコストバランスの評価による業務増殖制御

ムダの見える化

■業務プロセスに発生する3タイプのロス

業務プロセスに発生するロス（ムダ）は大きく3つの視点から見つけるとができます。

1つめは、業務のやり方が非効率なために発生するロスです。これをMethodの頭文字をとって、M面ロスと言います。

2つめは、担当者のパフォーマンスが低いために発生するロスです。これをPerformanceの頭文字をとって、P面ロスと言います。

3つめは、閑散期には手待ちが多くなるといった、人的リソースの活用度のロスです。これをUtilizationの頭文字をとって、U面ロスと言います。

これら3つのロスを総称してMPUロスと言います。

図表 3-13 業務プロセスに発生するMPUロス

M面：方法ロス（Method）
業務の必要性があるか、手順が適正であるか、使用する情報システムが適正であるかという視点

もっとウマイ手順や方法で業務を実施すれば、もっと効率的でミスのない業務が実現できると思うのだが…

P面：能率ロス（Performance）
担当者のスキルややる気を引き出し、能力を十分発揮できているかという視点

U面：稼働ロス／資源活用ロス（Utilization）
業務量に応じて適正に計画・分担することで、人材を有効的に活用できているかという視点

エース級の担当者ばかりの職場が実現できたら、もっと早く処理できるはずだが…

業務量が比較的閑散な時期も、繁忙期とほぼ同じ要員数は変だなあ…

> Step 3 改革・改善の基本方向を決める

M面・P面・U面それぞれのロスの構造を、就業時間の内訳で説明します。

就業時間には、手待ち等で働いていない時間（＝U面ロス）が含まれます。そのため、正味働いている時間である稼働時間は、就業時間からU面ロスを除いたものになります。

また、この稼働時間には、担当者のパフォーマンスが悪く、本来できるはずの時間より多く時間がかかってしまっている時間（＝P面ロス）が含まれます。そのため、本来できるはずの時間は、稼働時間からP面ロスを除いたものになります。

また、本来できるはずの時間は、現在のやり方でできるはずの時間です。そのため現在の業務のやり方の悪さによるロス（＝M面ロス）が含まれます。

そのため、本来できるはずの時間からM面ロスを除いたものが、方法改善後の目指す時間になります。

M面・P面・U面のロスは、それぞれ要因が異なるため、当然改善策も異なってきます。そのため、職場で発生しているロスのうちどの面の要素が大きいのか定量把握することで、より効果的にロス改善のための対策をとることができます。

■各ロスのよくある要因と定量化方法

①M面ロス

M面ロスは、業務のやり方が非効率なために発生するロスであり、誰が遂行してもその業務のやり方をしている限り、必ず発生してしまうという性質があります。すなわち、担当者の経験や能力、あるいは業務遂行時の努力度というものは含まれません。

M面ロスのおもな要因として以下の内容が挙げられます。
・業務手順の悪さ
　例）重複した意味のないチェックが発生している
・要求レベルと比べて過剰なアウトプット
　例）社長報告用レポートで、社長は数字しか見ていないのに、グラフや計算式を含め、多くの内容を盛り込んでいる。
・使用ツール・システムの連携、操作性の悪さ

I 業務プロセス改善

図表 3-14 職場に潜在化するロスの構造

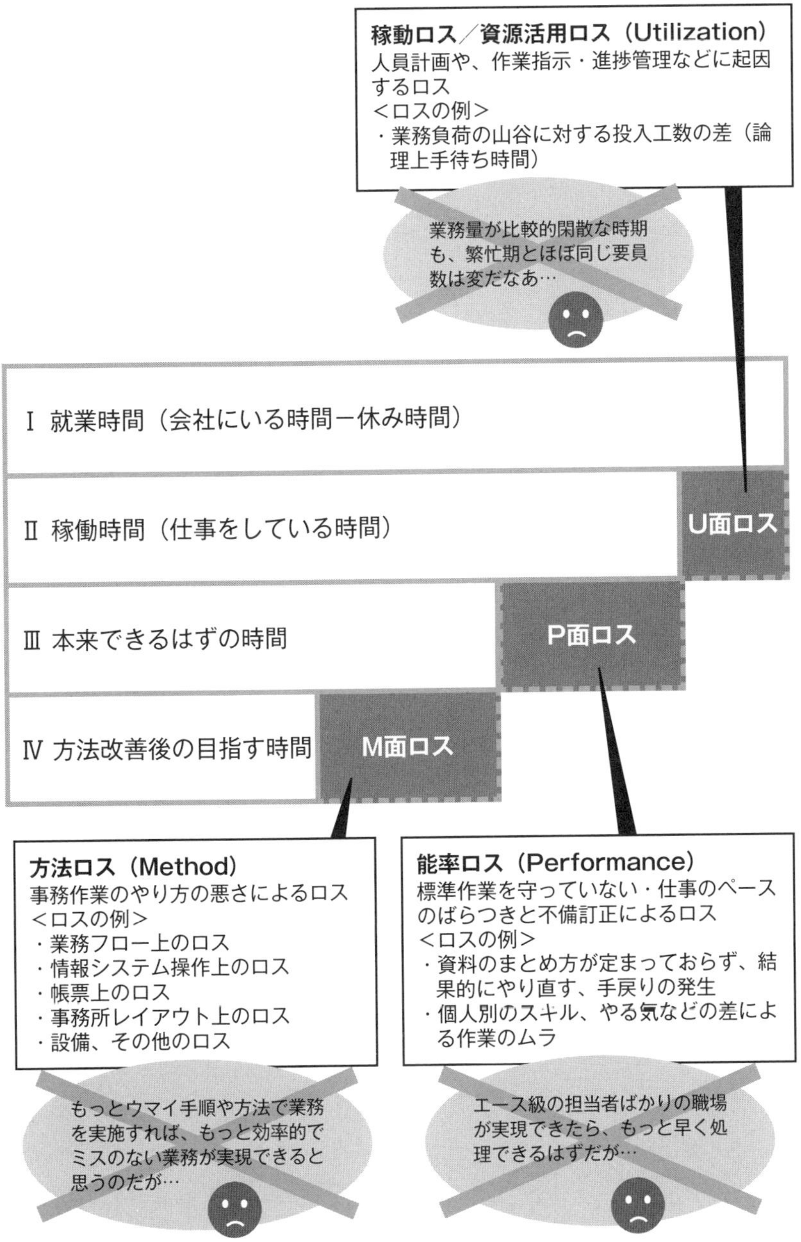

稼動ロス／資源活用ロス（Utilization）
人員計画や、作業指示・進捗管理などに起因するロス
＜ロスの例＞
・業務負荷の山谷に対する投入工数の差（論理上手待ち時間）

業務量が比較的閑散な時期も、繁忙期とほぼ同じ要員数は変だなあ…

Ⅰ 就業時間（会社にいる時間－休み時間）

Ⅱ 稼働時間（仕事をしている時間） — U面ロス

Ⅲ 本来できるはずの時間 — P面ロス

Ⅳ 方法改善後の目指す時間 — M面ロス

方法ロス（Method）
事務作業のやり方の悪さによるロス
＜ロスの例＞
・業務フロー上のロス
・情報システム操作上のロス
・帳票上のロス
・事務所レイアウト上のロス
・設備、その他のロス

もっとウマイ手順や方法で業務を実施すれば、もっと効率的でミスのない業務が実現できると思うのだが…

能率ロス（Performance）
標準作業を守っていない・仕事のペースのばらつきと不備訂正によるロス
＜ロスの例＞
・資料のまとめ方が定まっておらず、結果的にやり直す、手戻りの発生
・個人別のスキル、やる気などの差による作業のムラ

エース級の担当者ばかりの職場が実現できたら、もっと早く処理できるはずだが…

Step 3 改革・改善の基本方向を決める

例）情報システム間の連携ができておらず、二重入力している。
・オフィスのレイアウトの悪さ

図表 3-15 M面ロスの定量化の考え方

各業務の現在の業務時間を算出し、改善後の業務時間の差を改善効果と考える。

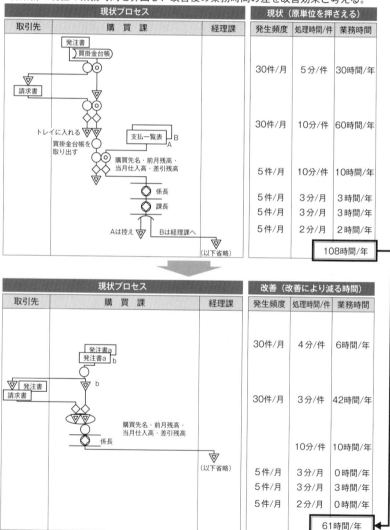

例）コピー取り、書類の受け渡し等、仕事の流れに沿ったレイアウトになっておらず、動線が複雑になっている。
・複雑な多岐にわたる業務処理パターンの発生
例）顧客ごとに受注処理のやり方が異なっている。

M面ロスは、ECRS（159頁）、8視点（161頁）、業務特性（165頁）などの改善視点を活用して削減を検討します。

M面ロスを定量化する際は、現在の業務のやり方を改善した際の改善期待効果をもとに算出します。

②P面ロス

同じ業務のやり方でも、担当者の習熟度の差によって、実際にかかる処理時間は変わります。つまり、担当者のパフォーマンスが低いために発生するのがP面ロスです。

また、P面ロスは人による処理時間のバラつきだけでなく、同一人物が同じアウトプットを出す際のバラつきも考慮します。人間ですから体調が悪い日、モチベーションが低い日があり、当然パフォーマンスも下がります。また、暗い・狭い・寒い・暑い・臭い場所など作業環境が悪い場合もパフォーマンスが下がります。

P面ロスのおもな要因をまとめると以下の内容になります。
・個人の習熟度（スキル）の差
・個人のモチベーションの差
・作業環境

P面ロスの解消には、業務を標準化して、その上で基準となる標準時間を設定し、標準時間に対する意識付けを行います。可能であれば、実績時間の見える化を推進して、定期的に比較をして実態を確認することも有効です。

P面ロスを定量化する際は、本来できるはずの時間と実際にかかっている時間の差から算出します。

③U面ロス

U面ロスは、人的リソースの活用度のロスで、就業時間と業務量の差を指

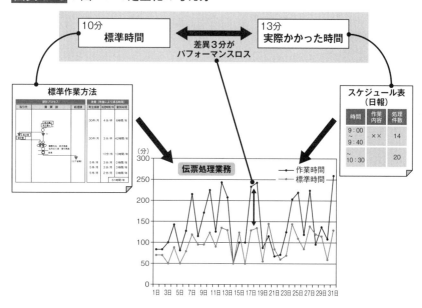

図表 3-16 P面ロスの定量化の考え方

します。つまり、手待ち、トイレ、雑談など、いわゆる仕事をしていない時間です。

U面ロスのおもな要因として以下の内容が挙げられます。

・業務の分担の悪さ
　例）年間を通した業務量を見た場合、適切に要員配置できていない。
　例）充分な仕事量が割り振られていなくて時間に余裕のある人がいる
・日々の仕事の割り振りができていない
　例）業務が属人化しており、業務量の増減に応じて柔軟に対応（仕事の割り振り）できず、仕事の滞留や手待ちが発生している。

U面ロスの解消には、各自の仕事量を見える化して、標準化すべき業務の標準化を推進し、助け合える職場を作り上げた上で柔軟に業務分担を見直したり、ピーク時に応援要員を投入する前提で配置人員を見直す施策が求められます。

U面ロスを定量化する際は、業務量調査の結果をもとに業務量と就業時間の差から算出します。

I 業務プロセス改善

図表 3-17 U面ロスの定量化の考え方

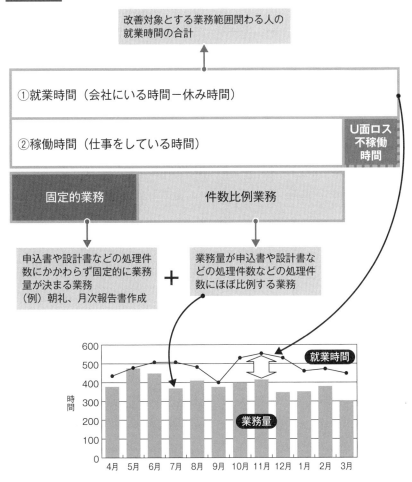

業務量調査から算出

働き方・ありたい姿の設定

■そもそも「ワークスタイル」「働き方」とは？

「ワークスタイル」「働き方改革」は制度・ルール、ICT活用、オフィスファシリティなど、様々な切り口があります。大切なのはそれらを活用し「将来自分達はどんな"ワクワクする"働き方になりたいか？」で想像し、従業員間の対話によって自ら完成形を創り上げることです。ワークスタイル・働き方とは１年２年の課題ではなく、長きに渡って大多数の社員の仕事時間の使い方・コミュニケーションスタイルといった行動や意識を決めてしまう会社の「型」だからです。この型作りのための大きな課題領域には次の３つがあります。

図表 3-18 型作りのための３つの課題領域

- 働く環境・ツールを大きく変える → **環境ツール**
- 働く制度・ルールを大きく変える → **制度ルール**
- 働く意識・風土を大きく変える → **意識風土**

（働き方改革課題領域）

①働く環境・ツールを大きく変える

そもそもオフィスで働くのか、自宅や外でも働けるように（テレワーク化）するのか、オフィスで働くのであればどういう人・組織配置にするのか、どういうスペースの使い方にするのか、コミュニケーションやコラボレーションの活性化のためのオフィス家具、ハード・ソフトを含めたICTなど、どのようなファシリティを用意すべきかといった課題を検討します。

②働く制度・ルールを大きく変える

人事制度といった就業・就労に関わるルール、働く環境作りで用意したファシリティ活用ルール、働く時間に発生する仕事の進め方ルールに関わる課題を検討します。

③働く意識・風土を大きく変える

働く環境、制度・ルールを有効に活かすため、「これまでの働き方の常識を変える」「様々な諸事情の社員の意を汲む」にはどうしたらよいか、これらの変えたいことの従業員の認知・意識のベクトル・レベルを統一化するにはどうしたらよいか等、組織風土に関わる課題を検討します。

■「ありたい姿」を検討する

左頁の図表（図表3-18）の通り、この３つの課題領域は、相互に関連し合っていて、切り離せない大きな課題です。
「働く環境が整備され、はじめて有効に制度・ルールが運用される」「制度・ルールがあって、はじめて意識改革の必要性が生じる」「意識改革が進むことで、はじめて働く環境に適応、行動できる」あるいは「制度・ルールを運用する目的があって、はじめて働く環境を変える必要性は出てくる」「働く環境が変わることで、意識も変わってくる」「意識が変わることで、これまでの制度・ルールを見直す必要性が出てくる」など、相互に関連することがおわかりだと思います。

これら大きな課題を解決するためには、「われわれはどういう働き方を実現するのか？」と、ありたい姿を検討するところからスタートします。働き

方改革についても「ありたい姿」と「現状・現在の働き方」とのギャップが課題であり、その課題を解決することが改革活動であることは他のあらゆる問題解決活動と共通しています。

　この、「どうありたいか」は先に挙げたように１、２年先ではなく、10年先、20年先という未来の姿を想定して考えます。働き方、ワークスタイルは、短い期間で発生しては消えていく業務とは異なり、長期間にわたって大多数の従業員の行動・意識を決定付ける特性があるからです。加えてそのありたいワークスタイルはできるだけ「皆が取り組みたい」魅力的なものであることが重要です。制度・ルールやファシリティ活用は、会社の金勘定にかかわる基幹システムや直接業務を支援する業務支援システムと異なり、使うも使わないも本人次第という特性があるからです。「自ら使いたい、活用したい」と思えるようなありたい姿を検討していく必要があります。

■未来志向で考えることが大切

　このような「将来自分達はどんなワクワクするような働き方になりたいか？」を検討するためには未来志向で考えることが重要です。この発想を「未来志向」と言い、「ありたい状態」を前向きかつ組織的に思考することを指します。

　ワクワクする働き方、他社と異なる、より価値の高い働き方改革の成果を得るには、「このままなりゆきで行くとどうなるか？」という分析的な発想法（フォアキャスティング）ではなく、「どうなりたいか？」というゴールを設定した上で、そこにたどり着くまでに何をしたらよいか考える発想法（バックキャスティング）で検討することがとても大切です。

　その理由は２つあります。１つは分析的なフォアキャスティング発想では目の前の制約条件が目について大胆な発想・アイデア検討にならないことが挙げられます。もう１つは「働き方を変える」といった極めて変数要素が大きいテーマには最適解がないため、予測自体が困難だからです。だからこそ、例えば「10年後の社員のワーク＆ライフスタイル」、「育児を両立したい女性にとってのワーク＆ライフスタイル」「要介護家族を持つ男性にとってワーク＆ライフスタイル」「ICTの変化によってコミュニケーションはどう変

わるか？」など、時間の制約、場所・空間の制約、意識の制約、すなわち「働くという行為」に対する価値観や考え方がどう変わるのかを視点として持ちながら、理想の働き方や自分達の目指すあり方を発想していくのです。その際に、現在の延長線とは切り離して考えることが重要なのは言うまでもありません。

図表 3-19 フォアキャスティングとバックキャスティング

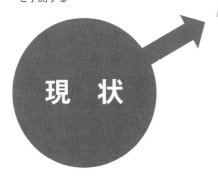

フォアキャスティング
専門家や有識者の予測を中心として、現在の制約条件をもとに未来を予測する

バックキャスティング
極端な未来が"訪れる未来"と仮定して、「そうなったとき、私達はどうしているだろうか？」「私達は今何をしていただろうか？」と考えてみる。
できない理由ではなく、できたときのことを考える。

働き方の課題の発見と構造化

■ 多様性と対話で詳細を詰める

　じつのところ、働き方には「これ！」といった単純な答えはありません。そのような答えのない未来の働き方の方向性やその詳細を考えるために大切なことは、以下の3点です。

　・未来志向（なりゆきではなく「ありたい」を考える）
　・多様性（知識集約、学びのための意見尊重）
　・対話（議論ではなく実現のための価値観のすり合わせ）

「ありたい働き方」を考えるにあたっては、多様性と対話が非常に大切です。なぜなら、働き方とはある特定の社員だけのものではなく、あらゆる従業員・人材に関わる概念であり、それぞれに強い影響を与えるからです。検討メンバーはアイデアの是非を単に論理的に議論・採択するのではなく、多様性や互いの考えに対する尊重に基づいてよりよい情報・アイデアをすり合わせていくことが求められます。ですから、多様性を担保するために、参加メンバーは「男性と女性」「時間制約社員と時間制約のない社員」「ベテラン社員と若手社員」「管理職と一般従業員」「フロント部門メンバーとバックオフィス部門メンバー」など、バラエティ・多様性に富ませることが重要です。

　未来志向でありたい姿を考え、詳細を詰めていくやり方としては「フューチャーセッション」が挙げられます。フューチャーセッションはデンマーク発祥の思考方法で、複雑な問題を解決するために多様なステークホルダーが集まります。そして、そこではファシリテーター・司会者の媒介の元、問題の本質を対話で発見し、解決アイデアを出し、具体的に行動していきます。

フューチャーセッションは以下のステップで進めます。

①関係性作り
　参加メンバーの顔合わせ・自己紹介によるセッションメンバー間の相互認知、個々人の働き方の問題認識の共有など。
②アイデア検討
　知識インプット・世の中の働き方改革事例の共有、制約にとらわれない「こうありたい」実現ための新しい働き方アイデア出しなど。
③制約条件・本質の発見
　部門・職場特性・社員多様性を想定した場合の解決すべき問題の発見、理想論に対する「それは実務的に難しい」「私自身はそうはありたくない」といった別な角度からの意見出し」。
④プロトタイプ・試作チャレンジ
　新しいアイデア、部門や個人制約も想定した「働き方テストモデル」の検討、部分的な実施・検証。
⑤アクションプラン作り
　働き方改革テーマの絞り込み・確定、プロトタイプを具現化するための具体的活動項目、優先度の検討、推進体制の検討。

　検討するテーマは「全社の働き方を大きく変えるには？」と検討対象を広げてもよいですし、「投入時間が多い会議を大胆に変えるには？」「形骸化している早帰り曜日を守らせ、本来の目的を達成するには？」などと対象を絞ってもよいでしょう。

■ポイントは制約のあぶり出し

　セッションの中で特に重要なのは「制約条件・本質の発見」です。「ありたい姿・理想系の実現」を阻む、会社・組織として解決すべき制約は何なのかを徹底的にあぶり出します。
　例えば、「会議を革新したい、クリエイティブなアイデアを発散させたい」

「前後工程も含めて短時間で有効な情報共有を図りたい」といった理想の姿に対して検討を始めたところ、「そもそもクリエイティブなアイデアに乏しい、検討メンバーが限られている」「紙資料が前提なので情報の読み込みだけで精いっぱい」「会議のスタイルがアイデア発散に向いたものではない。どちらかというと報告連絡が目的化している」「アイデア発散のための方法論がはっきりしていない」といった実現に向けた問題・課題が出てきたとします。特にこの例では「クリエイティブな会議実現」という目的・ゴールに対して「アイデアに乏しい」という制約・課題が大きいのですが、それは会議の革新というテーマではなく、「個々人がクリエイティブアイデアを発想するにはどうしたらよいか？」といった別の課題を見出す手がかりとなっています。

　このように「制約条件・本質の発見」において、会社として真に取り組むべき働き方課題をあぶり出していくのです。そのため、このセッションは「本当に解決すべき問題は何か？」についてメンバー間で十分出し切るために、複数回行うこともしばしばあります。

■発散型で考える

「働き方・ありたい姿の設定」に向けたフューチャーセッションでは「制約条件・本質の発見」が大切です。ただし、これらの検討にあたっては問題を細かく切り分ける分析的アプローチは望まれません。なぜなら、特に働き方を議論するにあたって、働き方は人そのものの行動に直結するからです。そのため、細かく解析すればするほど「特定個人が行動できていない」「上が規定・指示をしていない」といった、人そのものを責める可能性が出てくるからです。したがって、「こういうことがありえる」「こういうことも考えられるのではないか？」と発散して考えることが大切です。このように自由に、発散して発想するためにおすすめの思考方法・ツールが「マインドマップ」です。マインドマップはイギリスの作家トニー・ブザン氏が提唱した思考・発想法・ブレインストーミング方法論の１つで、頭の中で起こっていることを目に見えるようにした思考ツールです。

　紙やホワイトボードの中央に検討したいテーマを置き、そのテーマに派生

する情報を自由に発想しながら放物線上に書き加えていきます(各情報を結びつける線のことをブランチ・枝と呼びます)。自由に発想することを目的としているため「なぜなぜ分析」や品質不具合を解析する「R-F(Result&Fuctor)分析」と異なり、論理性はあえて担保しません。このように自由に発想した上で、もっとも重要な情報(ここでは解決したい制約条件)を発見、共有していきます。

図表 3-20 マインドマップの例

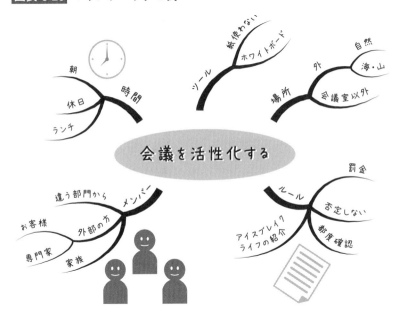

10 ワークスタイル改善の方向とフレーム

■実行できる単位にブレイクダウンする

　フューチャーセッション等で検討した内容は、最終的に「会社・部門・職場、それぞれで何をするか？」など、働き方改革テーマとして確定させる必要があります。先に挙げたように働き方改革の課題領域は「働く環境を大きく変える」「働く制度・ルールを大きく変える」「働く意識・風土を大きく変える」3つに収れんされます（176頁参照）。

　ただ、これでは抽象度が高く、実際に実施単位に割り付けたり、具体的に行動に落とし込むのは難しいものです。したがって、この先、管理職、あるいはプロジェクトで詳細を検討し、実行できる単位にブレイクダウンしていく必要があります。実行していく単位は「全社的に取り組むものか？」「組織の一部で取り組むものか？」「課題を絞り込んで取り組むものか？」等、対象によって異なりますが、おおよそ以下の軸で整理できます。

①職場タイプの軸

　職場は、大きく「すでに決まっている情報と手順を用いて成果物・出来高を上げる」オペレーション対応型業務スタイルと、「扱う情報や成果物・出来高が規定されておらず、都度検討してまとめる」課題対応型業務スタイルに区分されます（95頁、図表2-23参照）。さらに情報の発生頻度の違いによっても細かくスタイルが分かれます。例えば定型処理でも日々や週次ルーティンで実施するものもあれば、半年に1回、年に1回といったサイクル、あるいは突発で対応するものもあります。例えば前者は経理業務や契約事務処理を中心に行う部門・職場、後者は総務部や人事部など想定するとそれぞれイメージがつきやすいでしょう。

加えて、活動場所・情報共有先の概念、おもに外部顧客・取引先との関係性・コラボレーションで成立する業務スタイルなのか、もしくは従業員や経営者など内部顧客との関係性・コラボレーションで成立する業務スタイルなのかによっても区分されます。これらの区分ごとにオフィスに期待することや必要条件が異なってくるわけです。

　これら情報の種類と成果物の特性、およびコラボレーション先で整理すると各部門・職場がどのようなタイプかがおおよそ分類できます。

②取り組み方向、テーマタイプの軸

　働き方改革の取り組み方向、テーマ群はおおよそ次の内容に分類・整理できます。

・オフィス環境の整備テーマ

　フリーアドレス、コミュニケーション活性化のためのスペース作り、ファシリティ選定と運用検討など。

・コミュニケーション効率化と活性化テーマ

　会議・ミーティング革新・効率化、メール活用の効率化・共通ルール化、テレビ会議や社内SNSなど、バーチャルコミュニケーションの高度化といった新しい取り組み。

・資料作成や、資料も含めた文書・情報を管理するテーマ

　ばらついている作成資料の共通化・フォーマット化、作成した資料・情報の保管格納や検索・参照方法検討といったナレッジ共有、ペーパレス促進・紙資料や電子ファイルの整理整頓など。

・柔軟な働き方実現のためのツールやルール作りテーマ

　テレワークや在宅勤務といった場所を選ばない働き方実現のための制度・ルール、ICTツール導入、その他人事制度改定との連携検討など。

・仕事の負荷軽減・分散化テーマ

　仕事ノウハウの共有、複数化・マルチ化、応受援の取り組み、仕事の小日程計画作り、いわゆるプロジェクトマネジメント方法論の適応・新たに発生する課題の管理・共有による「誰かがやってくれるだろう」というやり過ごしや思い込み防止など。

・時間の使い方に関わるテーマ

長時間労働解消・時短実現、有休消化率を向上させるためのタイムマネジメントテーマ、仕事のタイミングの同期化や仕事のメリハリ促進のための集中時間やスペース作りといった全社共通ルール化など。

下図のように、職場タイプと取り組み方向の二軸でテーマを整理すると、全社で共通化して進めるテーマ、職場特性に応じた詳細テーマ設定と具体的に何を検討すべきか、あるいはあえて優先度を下げる・着手しない等を具体的に整理することができます。

図表 3-21 職場タイプと取り組み方向でのテーマ整理のフォーマット

		オフィス環境整備	コミュニケーション効率化・活性化	資料作成文書・情報管理	柔軟な働き方実現	仕事の負荷軽減・分散化	時間の使い方
外部コラボレーション	定型処理						
外部コラボレーション	課題対応						
内部コラボレーション	定型処理						
内部コラボレーション	課題対応						

もちろん、このフレームに含まれない、さらに基本的なテーマも想定されます。例えば、メールを中心とした過度なバーチャルコミュニケーションの是正であれば、具体的には「挨拶・声がけの活性化」などが挙げられます。コミュニケーション共通ルール作りやそれに伴うコミュニケーション活性化は、職場タイプにかかわらず取り組むべき重要なテーマです。

Step 4

改善具体案を検討する

業務プロセス改善とは

■業務システムの導入や改良に限らない

　改善の具体案を検討していく際には、プロジェクトの目的や業務の見える化から導かれた改革余地の大きさなどを元に、いくつかの視点で検討していくことが可能です。Step4では、その視点別の考え方を説明します。これらの視点を単独、または組み合わせて、具体的な改善策を考える際の参考にしてください。まずは業務プロセスの改善です。
「業務プロセス改善」と聞くと、業務システムの導入や改良と、それに伴う業務手順の見直しをイメージする人が多いかもしれません。確かに、オフィスワークの業務には情報の収集・加工・伝達・保管など、情報を扱うことが多いため、これらは効果的です。しかし、業務処理方法に影響を与える要素は、業務システムだけではありません。業務プロセス改善とは、「業務のやり方に影響するすべての要素を対象に検討し、その時点で考えられる最もよいやり方を設計すること」です。業務システム以外に業務のやり方に影響する要素を考慮した改善策として次のようなものがあります。

❶業務の有効性評価による改善→189頁
❷ICOM定義による改善→190頁
❸帳票の改善→192頁
❹業務分担の見直し→194頁
❺業務タイミングの集中・分散→197頁
❻業務の標準化→198頁
❼スキルの向上→201頁
❽品質不具合の改善→203頁
❾アウトソーシング→205頁

業務の有効性評価による改善

■有効性の高低に合わせて業務を設計し直す

　業務の有効性を評価し、有効性が低いと判断された業務をやめたり、簡素化したりすることで効率化ができます。逆に、有効性を高める必要があると判断されたものは、業務のアウトプットレベルを高めるように業務を設計する必要があります。

　業務の有効性を評価するには、Step2の10（102頁）で説明した、各業務の「成果物の見える化」を行い、業務の依頼元に「成果物がなくなると何が困るか？」を確認し、実際に有効活用されているかを確認するとよいでしょう。有効活用されていないものは、業務廃止や成果物レベルを下げるなどの業務簡素化を行うことで効率化を図っていきます。また、サービス提供先の部門からの改善要望が多い業務については、アウトプットレベルの向上策を検討します。

　また、幅広い対象にサービス提供している業務については、前述した各サービス提供先部門に対する「業務実施満足度の見える化」（122頁）を行い、業務の有効性を評価する方法があります。業務実施満足度が低い業務については、業務廃止や業務簡素化を行うことで効率化を図っていきます。

3

ICOM定義による改善

■非効率な業務を効率化する

　業務を行う上での必要な情報や業務基準が明確に決まっていないために、都度考えて判断する時間が発生したり、不具合による手戻りが発生したりして、非効率になっている業務については、それら必要となる情報や基準類を整理することで効率化することができます。

　その整理の際の考え方として、ICOMがあります。ICOMは、Input/Control/Output/Mechanismのそれぞれの頭文字をとったもので、情報システムを導入する際に、業務プロセスを定義するためによく使われる考え方です。

　Inputは、業務を行う上での必要な情報を指します。それらが定義されていないと、本来決まっているべき情報が未確定だったり、必要な情報がない状態で作業を進めたりして手戻りが発生してしまいます。それらを避けるために、業務に必要な情報や帳票を整理する必要があります。また、必要なタイミングで必要な情報・帳票が入手できているかも確認し、入手できていない場合には、どうすれば必要なタイミングに情報を確定させたり、入手したりできるかを検討して改善策に盛り込みます。

　Controlは、業務を行う際の判断基準、ルールを指します。判断基準が定義されることで、担当者による基準のズレがなくなります。また、都度判断基準を考える、確認するといった作業がなくなります。オフィスワークの業務では、ICOMの中で特にこのControl情報が定義されていないことが多いので、基準設定は重要な改善策となります。

　Outputは、業務の成果物を指します。業務に求める成果物のレベルが定義されていないと、担当者ごとに認識が異なってしまい、結果として、求めるレベルに達していなかったことによる手戻りや、必要以上に手間をかける

といった非効率が発生します。

　Mechanismは、業務の担当部門や担当者、使用するシステム等のツールを指します。都度担当者を決めたり、不要な部門間の調整作業が発生するなど非効率な作業が発生させないためにも、それぞれをしっかりと定義をします。

　また、業務基準の一部とも言える権限についても見直しによる改善余地があります。担当者に権限委譲できれば、責任者への説明資料の作成、承認を得るための打ち合わせ・回覧といったプロセスを省略することでき、効率化を図ることができます。また、過去のミス発生の対策の結果、何重にもチェック業務が発生している業務のチェック方式の見直しも効率化には重要です。

　業務改善と聞くと、業務手順を変える改善を想像することが多いのですが、オフィスワークの業務は、ICOMの情報をしっかりと定義することで、業務手順を変えなくても効率化および業務品質向上を図っていく余地が大きくなるのです。

図表 4-1　ICOMとは

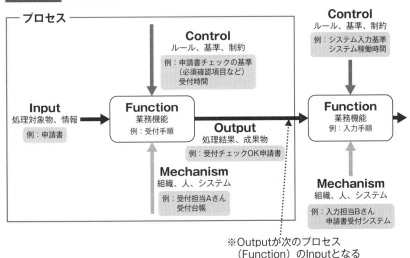

帳票の改善

■改善視点ECRSを使用する

　オフィスワーク職場には、多くの種類の帳票が使われています。そして、各帳票にデータを入力する、各帳票のデータを加工する、各帳票のデータを使ってチェックをするなど様々な作業が行われています。そのため、帳票そのものを見直すことで業務効率化が図れます。

　帳票を見直す際には、改善視点ECRS（159頁参照）を使うとよいでしょう。

　まずは、Eの視点で、帳票を廃止できないか考え、廃止できない場合は、帳票の情報項目がどんな目的で何に使われているのかを確認し、必要のない項目を削減できないか考えます。次にCの視点で、他の帳票と統合することはできないか考えます。次にRの視点で、情報項目の並び替えすることで作業しやすくならないかを考えます。ミスが多く発生する帳票は、見にくく記入しにくい帳票になっていることが多いものです。目線の動きが自然に流れるようなレイアウトになっているかを確認しましょう。最後にSの視点で、「○」や「✓」方式の採用等によってもっと簡単に入力できる帳票形式にできないかなど、簡素化を考えます。

　帳票を見直していくには、業務の流れのどのタイミングで帳票が使われるのか、追記・更新される情報項目はどれか、転記される情報項目はどれか、実際に活用している情報項目はどれかを把握しておきます。

　情報の流れや情報項目の活用度を把握するために帳票関連図を作成すると、改善策を立てやすくなります。帳票関連図は模造紙を使い、縦軸を「部署」・横軸を「時間軸」として、作業の流れに沿って現物帳票（写）を貼り付けていきます。そして、各作業で入力している情報項目、転記している情報項目、

チェックしている情報項目、加工している情報項目等を付箋やマーカー等を使いながら確認していきます。確認していくことで、使っていない情報項目や転記が発生している情報項目が明確になります。

また、よくよく調べてみると、部内の他の担当者や他部門でも同じような帳票を作っていることが多いものです。ですから、それらの目的や項目を確認し、統合・共有化する効果は大きいのです。そのような可能性がある場合にも、帳票関連図の作成は非常に有効です。

図表 4-2　帳票の改善着眼視点

E	廃止	①その文書（帳票）の目的は、もうなくなっているのではないか。
E	削減	②不必要な項目が文書（帳票）の中に含まれていないか。 ③その文書（帳票）は、そう必要でもない組織を回っているのではないか。 ④控えや写しを取りすぎているのではないか。 ⑤権限の委譲によって、ハンコの数を減らせるのではないか。
C	結合	⑥その文書（帳票）と他の文書（帳票）と一緒にならないか。 　1）項目の重複のある異種の文書（帳票）はないか。 　2）別々の組織から同じものを別の文書（帳票）で要求してはいないか。 　3）その文書（帳票）について、検査や照合が重複して行われてはいないか。
R	入替 代替	⑦文書（帳票）内の各項目の組みかえはできないか。 　1）1文書（帳票）に盛りこんであるものを、2文書（帳票）以上に分割した方がよくはないか。 　2）項目の順序は記入しやすくなっているか。 　3）項目は重点を見やすく配列してあるか。 　4）文書（帳票）の回覧順は適切か。 　5）文書（帳票）の流れと作業手順や机の配列はあっているか。 　6）定例的な記録から取れるのに臨時に要求しているものはないか。
S	簡素化	⑧文書（帳票）がもっと簡単にならないか。 　1）検査、照合が多くはないか。 　2）△や○で囲む方法はとれないか。 　3）転記の省略はできないか。 　4）手作業をシステム化できないか。

図表 4-3　帳票関連図の例

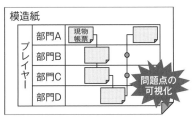

5

業務分担の見直し

■目的ごとに見直しを進める

業務分担の見直しは、担当者間の業務量の平準化、社員の戦略・企画業務への時間シフト、担当者の能力開発を目的として行われることが多い改善策です。

なお、業務分担の見直しにあたり、前述した「業務量の見える化（63～81頁）」「業務分担の見える化（82頁）」が行われている必要があります。

それでは、目的ごとに業務分担の見直しの進め方を説明します。

■担当者間の業務量の平準化

特定の担当者に業務負荷が偏っている場合は、業務量が多い担当者から少ない担当者へ業務移管することで、担当者間の業務量平準化を図っていく必要があります。

以下の4ステップで業務分担の見直しを進めていきます。

①業務移管する業務を決める

業務負荷が高い担当者の業務のうち、他の担当者に移管する業務を決めます。移管業務は、業務量や業務の難易度・必要スキルをもとに選定していきます。

なお、月中や月ごとでの繁閑の差が大きい業務の場合は、業務発生タイミングを考慮して移管する業務を選定していく必要があります。

②業務移管先の対象者を決める

移管する業務ごとに移管先の担当者を決めます。その際、移管先担当者の

業務負荷を考慮し、受け入れ可能な業務量を確認しながら、業務ごとに移管担当者を決めます。
③**業務移管の計画を立てる**
　移管する業務と移管先の担当者が決まったら、移管に向けた作業スケジュールを策定します。引継ぎに向けて業務手順書やマニュアルを整備する必要があれば、その作成スケジュールも入れておきます。またそれらを活用しての引継ぎの期間も忘れずに入れておきます。
④**業務移管の計画に沿って、業務移管を進める**
　策定した業務移管計画にもとづいて、業務移管を進めます。

■社員の戦略・企画業務への時間シフト

　戦略・企画業務を担ってほしい正社員が定型的なオペレーション業務に時間を割かれて、戦略・企画業務を行う時間を確保できていないことがよくあります。その場合、定型的なオペレーション業務を他の担当者に移管していく必要があります。
　以下の5ステップで業務分担の見直しを行います。

①**戦略・企画業務に必要な時間を決める**
　戦略・企画業務にどの程度の時間をかける必要があるかを決めて、移管業務量の目標値とします。
②**必要な時間を確保するために、移管する業務を決める**
　担当業務の業務量の情報をもとに、定型型業務を中心に移管する業務を決めます。
③**業務移管先の対象者を決める**
　移管する業務ごとに移管先の担当者を決めます。その際、移管先担当者の業務負荷を考慮し、受け入れ可能な業務量を確認する必要があります。業務量的に移管できない場合は、他の業務移管先担当者を探すか、移管先担当者の業務を他の担当者に移管することを検討します。
　なお、業務量が多くて誰にも移管できる余地がない場合は、業務改革を行

って効率化してから業務分担の見直しをするか、派遣社員やアルバイトなどの非正規社員の活用も検討します。
④**業務移管の計画を立てる**
　移管する業務と移管先の担当者が決まったら、移管に向けた作業スケジュールを策定します。留意点は、「担当者間の業務量平準化」の際と同様です。
⑤**業務移管の計画に沿って業務移管を進める**
　策定した業務移管計画にもとづいて、業務移管を進めます。

■担当者の能力開発

　ずっと同じ業務を担当させているだけでは社員の能力開発には限界があります。意図的に業務分担の見直しを行い、他の業務を経験することで担当者の能力開発することができます。
　以下の4ステップで業務分担の見直しを行っていきます。

①**スキルの見える化を行い、担当見直し業務を決める**
　Step2で説明したスキルの見える化（99頁）を行って次に能力開発するスキルを決め、担当する業務を決めます。
　なお、1人の担当者に限らず、部門内の各担当者で業務ローテションを行うとよいでしょう。
②**業務分担の見直し案を決める**
　業務分担を変更するにあたり、各担当者の業務量を考慮しながら部門全体の業務分担案を決めます。
③**業務移管の計画を立てる**
　業務分担変更する業務について、移管に向けた作業スケジュールを策定します。留意点は、「担当者間の業務量平準化」の際と同様ですが、引継ぎ・教育の時間をしっかり確保するようにしましょう。
④**計画に沿って業務移管を進める**
　策定した業務移管計画にもとづいて、業務移管を進めます。

I　業務プロセス改善

業務実施タイミングの集中・分散

■効率のよいタイミングとは

　業務方法を変更せずに、業務実施のタイミングを集中・分散させることで業務効率化や業務量の平準化を図ることができます。

　業務実施タイミングの集中化とは、今まで多頻度で行っていた業務の処理タイミングを減らすことです。例えば、毎日処理していた業務を週1回の処理に変更するといったことです。

　業務を行う際には、伝票・帳票類の取り出しやシステムの起動といった準備作業があります。また、業務終了後には、ファイリングや次の工程への運搬といった後処理作業が発生します。実施タイミングを集中させることでこれらの作業の回数が減り、処理の効率化が図れます。

　業務完了のタイミングが週次や月次など、多頻度で業務が必要がない場合は、実施タイミングの集中で効率化ができる余地が大きいと言えます。

　一方、業務実施タイミングの分散化とは、今まで集中的に行っていた業務の処理タイミングを増やすことです。例えば、月1回処理していた業務を週1回の処理に変更するといったことです。

　分散化の目的は、業務負荷の平準化にあります。集中処理していたことでそのタイミングの業務負荷が高くなっている場合には、業務実施タイミングの分散化を行うことで、業務負荷の平準化を図ります。

　多少効率は落ちますが、月末や月初の繁忙期を避けることができるようになったり、都度処理によってその業務を業務間の合間作業とすることで、U面のロスを減らすことができます。

7

業務の標準化

■業務マニュアルを作る際の注意とは

　業務の標準化ができていないと、どういうことが起こるでしょうか？
　例えば、担当者によってやり方が異なるために、ムダや品質不具合を発生させたり、その人しか業務ができなくなる事態が考えられますね。
　そうならないためにも、業務品質を維持し、効率的に業務遂行できる手順、つまり標準手順を決める必要があります。しかし一方で、標準手順の設計には多くの労力がかかります。なるべく手間を減らすためにも、例えば同じ業務を複数人が担当している場合に簡易に標準手順を決めるには、現担当者の中で一番業務品質高く・効率的に業務遂行している担当者のやり方をベースに確認会を行い、他の担当者のアイデアや工夫を取り入れて決めるとよいでしょう。
　業務の標準化活動においては、そのアウトプットとしては業務マニュアルの作成が一般的です。もちろん、正しいやり方が決まっても、全員がそれを理解して遵守しなければ、効率は上がらないしミスも発生します。くれぐれも、「業務マニュアルを作ること」自体が目的にならないように注意してください。

■標準手順をみんなが遵守している状態を維持するには

　そもそも、標準化とは、標準手順をみんなが遵守している状態を指します。つまり、標準手順を決めるだけ、業務マニュアルを作るだけでは不十分で、それをみんなが遵守している状態を維持して標準化が完了したことになるのです。
　そのため、正しいやり方を決めることと併せて、それを継続的に全員に守

らせるマネジメントが必要になります。その方法としては、定期的に業務マニュアルに記載されている手順通りに業務を行っているかチェックする場を設けることが有効です。それには第三者が業務マニュアルをもとにチェックする方法もありますが、担当者同士がペアになってお互いにチェックする方法が、より簡易的で継続しやすいでしょう。意図的にベテランと新人にペアを組ませ、ベテランからアドバイスを与えることで、新人の育成につなげることもできます。

図表 4-4　第三者によるチェック方法

手順

① 観察者（第三者）がマニュアルを見ながら、担当者が業務をマニュアル記載の手順通りに実施しているか確認をする。
② 観察者は、マニュアルと違う手順があれば指摘し、担当者に手順の確認を行う。
また、業務要領（コツ）の確認も行う。
③ 業務手順の更新、業務要領の追記やマニュアルの誤り修正など、必要に応じて、マニュアルを更新する。

図表 4-5 ペアによるチェック方法

手順
① 新人・非熟練者は、ベテラン（熟練者）が業務を行っているところを、マニュアルを確認しながら観察する
② 業務要領（コツ）やマニュアルと違う点や質問があればベテランに確認をする
③ 新人・非熟練者は、マニュアルを確認しながら実際に業務を行う
④ ベテランは業務要領（コツ）や手順誤りの指摘などのアドバイスを行う
⑤ 業務要領の追記や誤りの修正など、必要に応じてマニュアルを更新する

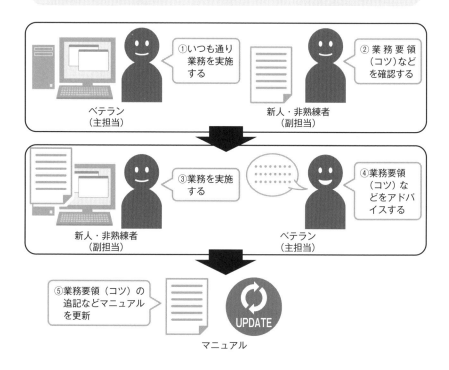

I　業務プロセス改善

スキルの向上

Step 4　改善具体案を検討する

■業務スキルと個人基礎スキル

個人のスキルを高めることで業務スピードがアップし、生産性向上にもつながります。スキルは、業務スキルと個人基礎スキルの大きく2つに分かれます。

①業務スキルの向上

業務スキルは、その業務を行うために必要な専門スキルや業務習熟度を指します。資格取得など専門スキルの習得は自己学習が基本ですが、資格取得支援だけでなく、資格取得者から学ぶ機会を作ったり、目標管理制度に組み込むことでスキル習得を後押ししていくことで、スキル習得促進を図るとよいでしょう。

また、業務習熟度向上については本人任せではなかなか期待したスピードでは習熟されません。そのため、教育計画を立案し、計画的に教育します。その際、教育することが目的とならないように、求める業務スキルが身についたかをチェックする合否判定テストを行うと効率的です。

②個人基礎スキルの向上

個人基礎スキルは、特定の業務に依存しないスキルであり、PCスキルやプレゼンテーションスキルといったものが代表的です。

とくに業務生産性に大きく関わるのがPCスキルです。なかでも、タイピングスキルが高まることで、PC業務全般の生産性を高めることができます。このスキルを伸ばすには、タイピングゲームなど点数が出るものを使いながら職場で取り組む方法がおすすめです。みんなで楽しく取り組むことができ、

成長も実感することができます。

　そのほか、集計や分析業務が多い担当者はExcelスキルを、資料作成業務が多い担当者はPowerPointやWordスキルを高めるとよいでしょう。

　個人基礎スキルは、自己学習でスキルを高めるのが基本ですが、実践的な外部研修の受講や社内のスキルが高い人から教えてもらう場作りをすることで、スキル向上を推進します。

図表 4-6 教育計画の例

本日 ↓

業務	被教育者	教育担当	実施項目		5月 15日	16日	17日	18日	19日	20日	21日	22日	23日	24日	25日	26日	27日	28日	29日	30日	31日
正社員月給計算・支給「勤怠確認」	斎藤	山田	OJT1回目	計画	●																
				実績	●																
			OJT2回目	計画							●										
				実績								●									
			合否判定試験	計画												★					
				結果												合格					
正社員月給計算・支給「手当計算」	斎藤	山田	OJT1回目	計画		●															
				実績		●															
			OJT2回目	計画								●									
				実績								●									
			合否判定試験	計画												★					
				結果												合格					
入社手続き	田中	南	OJT1回目	計画					●												
				実績					●												
			OJT2回目	計画												●					
				実績												●					
			合否判定試験	計画														★			
				結果																	
退社手続き	田中	南	OJT1回目	計画					●												
				実績					●												
			OJT2回目	計画												●					
				実績													●				
			合否判定試験	計画																★	
				結果																	
出向管理	山田	南	OJT1回目	計画		●															
				実績					●												
			OJT2回目	計画									●								
				実績									●								
			合否判定試験	計画												★					
				結果												合格					

202

品質不具合の改善

■品質不具合を改善する4ステップ

品質不具合は発生するたびにやり直しといった手戻りが発生します。それに加えて、チェック工数が増える、顧客への謝罪や報告書提出対応など本来は必要のなかった工数が発生します。

したがって、品質不具合の改善が効率化につながるのです。具体的には以下の4ステップで品質不具合の改善を進めます。

①発生している品質不具合を把握する
「品質不具合の見える化」（105頁）で説明した品質不具合管理票を用意し、職場で発生している品質不具合を把握します。

②対策をとる品質不具合を決める
発生している品質不具合の中から対策にあたっての優先度を決めます。「発生頻度」「発生時のインパクトの大きさ」の2つの視点から総合的に優先度を決めます。

「発生頻度」の視点は、多頻度で発生している品質不具合の方が改善効果が大きいと考え、発生頻度が多い品質不具合から優先的に対策をとります。

「発生時のインパクトの大きさ」は、品質不具合が発生した際に顧客に迷惑をかける度合いや手戻り工数の大きさといった影響度の大きさです。発生頻度が低い品質不具合でも発生時のインパクトが大きいものは対策をとる必要があります。

③対策を決め、実行する

　品質不具合の発生をなくす、減らす対策を検討します。また、発生頻度を減らす対策だけでなく、品質不具合発生時のインパクトを小さくする対策も合わせて検討します。

　なお、品質不具合を減らす対策としてチェック回数を増やす対策がよくとられますが、回数を増やしすぎると、「後ろの人がチェックしてくれる」という気持ちになってチェックの有効度が下がり、かえって非効率になるケースが多く見られます。チェックは、多くてもセルフチェック・第三者チェック・管理者チェックの3回までと心得てください。

　また効率化目的の場合、チェック回数を増やすとかえって非効率になる恐れがあります。そのため、複数のチェック者が全く同じチェックをするのではなく、第三者チェックはミスが多い箇所だけチェックするなど、メリハリをつけることが必要です。また、すべての案件をチェックするのではなく、重要な顧客のみ、難易度が高い案件のみチェックするなども検討しましょう。

④対策の効果をモニタリングする

　対策を実行し、狙った成果が出ているか、品質不具合の発生頻度や発生時のインパクトがどのようになったかモニタリングをします。思うような成果が出ていない場合は、別の対策を検討して、追加で実施をします。

アウトソーシング

■アウトソーシングのねらいとは

アウトソーシングを行うねらいは、大きく以下の3つがあります。

①コスト削減

自社で行うよりもコストが安いBPO※事業者などに委託することによるコスト削減。また、業務量の増減、景気変動、繁閑などに応じて柔軟に調整対応してもらうことで、固定費の変動費化を図ることによるコスト削減。

②経営資源のコア業務集中による付加価値向上

ノンコア業務を外部委託して自社の経営資源（人材）をコア業務に集中させることによる競争力強化、付加価値向上。

③専門性の確保

自社にない専門的知識、スキル、人材の活用（不足リソース補完）による新たな価値の創造や業務効率化。

■アウトソーシングを進める4ステップ

専門性の確保については、専門性が不足している業務について外部委託先を探すことになります。ここではコスト削減やコア業務集中のためアウトソーシングの進め方を説明します。

※BPO：ビジネスプロセスアウトソーシングの略で、業務プロセスの一部を外部の企業に委託すること。

①アウトソーシングを行う業務の選定

　アウトソーシングを行う業務を選定するにあたっては、まず部門内にどのような業務があり、各業務がどのような特性を持つのか、どのぐらいの業務量なのか把握しておく必要があります。そのため、前述した「業務項目の見える化」（56頁）、「業務量の見える化」（63頁）、「部門の業務特性の見える化」（93頁）を行いましょう。

　その後、以下の3つの視点でアウトソーシングを行う業務を選定していきます。

・コア業務／ノンコア業務

　部門のミッションを踏まえて、コアとなる業務はアウトソーシングしてはいけません。そのため、まず各業務項目のうちどれがコア業務なのか、ノンコア業務なのかを判断する必要があります。判断にあたっては、部門ミッションとの関連性や経営方針に基づく戦略的な意思決定が必要か否かが判断材料となります。例えば、アウトソーシングされる業務として代表的な「給与計算業務」や「福利厚生の実務業務」などは、経営方針や経営判断等の裁量の余地が介在しない業務であるためノンコア業務という位置付けになるのです。

・業務量（またはコスト）

　効率化、コスト削減目的であれば業務量が多い業務やコストが高い業務（業務量は少ないが固定費がかかっている業務等）でなければ効果が薄くなります。そのため、業務量が多い業務を中心にアウトソーシング対象を選定する必要があります

・業務特性

　業務にはアウトソーシングがしやすい業務としにくい業務があります。そのため、業務特性からアウトソーシングしやすい業務を判断します。

　前述した4つの業務タイプ（95頁）による業務特性の中では、やり方が決まっている定型型業務がアウトソーシングしやすい業務です。またナレッジ集約型業務も専門業者へのアウトソーシングが検討可能です。

　また、繁閑の差が大きい業務はアウトソーシングに向いています。なぜ

なら自社で繁忙期に合わせた人員を確保することはムダが発生するからです。繁閑の差が大きい業務は１件当たり単価型の単価契約でアウトソーシングできないかを検討するとよいでしょう。

②アウトソーシング先の選定
　アウトソーシングしたい業務を決めてからアウトソーシング先を探索・選定します。費用対効果があるかはもちろんのこと、対象業務の実績があり、業務管理がしっかりとしているアウトソーシング先を選定します。
　また、自社で使用しているシステムで対応可能かもアウトソーシング先選定の１つの観点になります。

③業務設計、業務条件設定
　アウトソーシング先が決まったら、どのように業務依頼するのか、どのような成果物をもらうのかの業務設計をします。その際、依頼方法（INPUT）と成果物（OUTPUT）の仕様を明確に定義しておくことがアウトソーシングを成功させるために重要な要件になります。
　また、併せて業務条件（使用システム・料金・SLA※契約等）も交渉を行います。

④アウトソーシング開始、モニタリング
　アウトソーシングを開始すると最初はスムーズに行かず、想定していなかった事象が発生することも多いものです。そのため、アウトソーシング開始前に一度ウォークスルー（試行）を行っておくとよいでしょう。そこで発生した課題を改善後、正式にアウトソーシングを開始します。
　なおアウトソーシング自体がゴールではありません。アウトソーシング開始後は、アウトソーシング会社にすべてを任せて業務がブラックボックスになってしまわないように、運用状態をモニタリングする必要があります。もし不具合が発生していたら、その改善に加え、アウトソーシング先に業務改善による効率化を求め、さらなるコストダウンを図っていきます。

※SLA：サービスレベルアグリーメントの略。サービスの提供者と依頼者の間で交わされるサービスレベルについての合意のこと。

11

会議の見直し

■会議の目的・ねらいとは

　職場・オフィスで仕事をする目的でもあり、大事な手段のひとつが「情報共有」です。情報共有によって異なる情報をすり合わせしたり、その場で加工することで、新しく有益な情報を産み出します。私達は情報共有のためにわざわざ電車に揺られて職場・オフィスに通っていると言っても過言ではないでしょう。その情報共有の代表的方法が会議・ミーティングです。会議室予約システム・スケジューラーなどを見ると、1日で様々な会議・ミーティングが開催されていることがわかります。また、職場で周りを見渡すと、場所は会議室に限らず、ちょっとした立ち話を含めて複数人でのミーティング、情報共有が行われているはずです。

　では、そこでの目的・ねらいは一体どんなものでしょう？

　あるときは「A案か、B案か、どちらにするか？」と何かを決めること、あるときは「目標予算に対して、現段階ではまだ8割しかいっていない」と状況を共有すること、「ギャップ解消、目標予算達成のための各種施策をこうする」と施策・アイデアを発表・指示する場を作ること、さらに、「次期商品コンセプトを決めるために、まずはコンセプトアイデアをたくさん出す」ためのブレイン・ストーミングをすることなどと、じつに様々です。このように、会議・ミーティングは業務・仕事を円滑に進め、組織目標・目的を達成するために欠かせない「場」として有効活用されています。

■会議イコール「コスト」

　しかしこの会議・ミーティングは、数的に、あるいは時間的に、あまりに

多く発生していることが問題となっています。何よりも問題なのは、会議に参加する人数が多くなればなるほど、それだけ投入時間が増える点です。例えば特定の2人に関わる議案について、その2人が1時間ミーティングすれば、投入時間は「2×1＝2人時」ですが、部門全員、例えば15人がミーティングすれば、たかが1時間であっても「15×1＝15人時」と大きな時間が拘束されます。1日8時間労働だとすると15人時は約2名分の1日分の労働時間と同じです。さらに時給単価を加味しましょう。1人の時給単価が3,000円だとすると、15人時の場合は45,000円にもなります。われわれはこのように会議投入時間と、「会議イコールコスト」と認識する必要があります。

そこで、一般的に、会社では「会議を効率化しよう」「会議を減らそう」という動きになるわけです。しかし大切なのは、ただ単に会議を減らせばよいと考えないことです。先に述べたように、情報共有は私達の仕事の目的の1つでもあるのです。それによって業務・仕事を円滑に進め、組織目標・目的を達成するために欠かせない「場」として会議を活用している事実を忘れてはいけません。会議はただ減らす、効率化するだけではなく、「効率と効果の両立」を追い求めなければならないのです。

■様々な会議のタイプ

会議には大きく3～4タイプあります。効率だけではなく効果も追い求めるには、これらのタイプとタイプ別の進め方を知り、実践することが有効です。

・アイデア意見抽出・議論型
　各人のアイデアの発想や、意見の発散・すり合わせ・収れんを目的とした会議、場面を指します。参加メンバーは目的に即した専門担当・知見を持った人、アイデア発想が得意な人、異なる視点を持った人などが求められます。

・決議重視・意思決定型
　事前に論点が明確になった決定事項が議論の対象になっていて、それら決定事項の意思決定や判断を目的とした会議、場面を指します。参加メンバー

は、決議議案について評価することができる人、部門の意思決定者、ならびに決定事項の利害関係者などが求められます。

・進捗共有・実行重視型

「やるべきこと」や計画の進捗確認と、それらの実行徹底を目的とした会議、場面を指します。参加メンバーは実行組織における実行上の推進担当や関係者が求められます。実行する単位（部門の目標取り組み単位、プロジェクト等の時限的企画の単位など）によって参加するメンバーの立場や人数が変わってきます。会社の会議でもっとも多いタイプです。

・教育・研修型

「情報を共有する」という点で厳密には会議の１つに数えられます。一般的な知識研修・階層別研修だけとは限らず、業務遂行上のルール・ノウハウ共有を目的とした会議、場面は意識・無意識にかかわらず職場で行われています。参加メンバーは教育目的、ねらっている層によって変わります。

■会議のスリム化のポイント

　課題、あるいは制約として認識すべきことは、会議・ミーティングではこれらの「タイプ」は意識されず、混然となって進められているということです。目的が絞れていない会議は必然的に人数や時間が多くなり、会議投入時間が増えてくるわけです。まずはこれらの会議の必要性を確認し、絞り込む・スリム化するところから会議の見直しをスタートさせます。

　会議の投入時間をスリム化させるには６つの改善視点が大切です。

①会議の数はどれだけあるか？
②それぞれの会議の開催頻度はどの程度か？
③１回の会議時間は何分か？
④参加人数は何人か？
⑤それぞれの会議準備時間、資料作成にどれだけ時間がかかっているか？
⑥終了後の完了時間、議事録等作成にどれだけ時間がかかっているか？

図表 4-7 会議調査票の例

No	会議名称	解説	主催者	会議準備時間（時間）	会議 頻度 年	会議 頻度 月	会議 1回の会議時間	会議 参加人数	会議 会議時間（時間）	議事録作成時間（時間）	年間会議工数（人・時間）	問題認識
1	課の朝礼	課単位で行っている毎朝の連絡会議	課長	0		20	0.25	10	600	0	600	一部の参加者のみに関係する連絡事項ばかりの時がある
2	月次売上フォロー会議	部単位で行う毎月定例の売上フォロー会議	部長	1		1	2	36	864	1	866	部長が個人的に指導しているだけの内容
3	販促イベント企画会議	売上向上策としての販促イベントをどうするか決める会議（売上がよくない時にスポット的に開催される）	部長	3		8	3	36	864	1	868	なかなか結論が出ず、何度も開催される
			合計	4					2,328	2	2334	

　これらの組み合わせによって会議の投入時間が決まってきます。まずはこれら視点を盛り込んだ調査票を設計し、実態を把握しましょう。その上で、そもそもの開催の必要性やそれぞれの視点別に時間や数、人数が圧縮できないかを判定します。例えば会議が半分、開催サイクルが半分、開催時間が半分、人数が半分になれば、おおよそ9割以上の会議投入時間が削減できます。

　次に、絞り込んだ会議を対象に、さらに効率的かつ効果的に会議を運用する手段を適応する必要があります。先に述べたように会議の目的が絞り込まれていない会議は以下のような現象がよく起きます。

図表 4-8 会議でよくある残念な現象

現象	内容
独演会	特定の人の発言に偏りすぎている。話が長い。
様子見	周りの様子を伺い、発言を控えている。
被告人	議論の内容ではなく、人の非難に終始している。
盛りだくさん	議論や情報が多すぎて、時間通りに終わらない。
議論平行線	各々が主張するだけでまとまらない。
脱線・迷宮	本題から話がそれ、会議の目的が達成しない。
評論家	抽象論だけで、具体案や行動が見えない。
カチン	感情論に走り、冷静な議論にならない。
ダメダメ	発言やアイデアを次々と否定する傾向が強い。
我関せず	傍観していて、積極的に発言しない。

このような残念な現象を発生させない、「効率と効果の両立」を実現させるためには、目的に合った会議を事前に設計し、それに沿って会議を進めていく必要があります。この設計のことを「会議デザイン」と言います。この会議デザインと実行のポイントをそれぞれ挙げます。

■「アイデア意見抽出・議論型」のポイント

①事前準備
- ・検討視点やフレームワークの用意。
- ・議論に必要な情報の事前提供。
- ・リラックスできる環境の用意（なるべく人が近接化するレイアウト）。

②進め方
- ・参加メンバーは「何を発言してもオッケー」という雰囲気作りに加え、「Yes, And」など、発言ルール設定とメンバー間の合意。
- ・ルールに基づく参加者全員の「それいいですね！」による積極的傾聴、賞賛。
- ・ホワイトボードや付箋活用など、議論経過の見える化（見えることによるアイデア創発をねらう）。
- ・会議司会者によるネガティブ意見の回避行動（「よいご指摘ですが、今日は批判なしルールなので」）。

■「決議重視・意思決定型」のポイント

①事前準備
- ・意思決定事項の明確化とそれを反映した資料作り、意思決定できる判断材料・根拠の事前用意。
- ・意思決定者への事前検討依頼。
- ・関係者への会議目的・ゴール・進め方の事前説明（あくまでも「決める会議」なので、と合意を取る）。

②進め方
- ・意思決定方法の設定、必要に応じて参加しているメンバーの合意。
- ・決定条件と例外の共有、切り分けた議論（定常状態と例外が混在すると

意思決定できない恐れあり)。
・次に行動に向けた、その場での事前課題の明確化(意思決定内容の抽象度が高い場合、後で「次までに何をやらなければいけないのだったっけ?」とメンバーの活動が止まってしまう可能性がある)。
・会議経過と決定事項の記録化、不参加者も含めた内容の事後共有(「知らない、聞いていない」予防、活動停止リスクの軽減化)。

■「進捗共有・実行重視型」のポイント

①事前準備
・効率化のための会議資料の雛形化・定型化、必要情報の絞り込み。
・参加メンバーの絞り込み(他の会議も同様に必要だが、このタイプは数が多いだけ投入時間インパクトが大きいため、より厳格化する)。
・会議項目別時間配分の厳格化(数が多いだけ、より厳格に運用する)。

②進め方
・参加メンバーの「聞いている」反応ルールの設定、励行(反応がないことによる繰り返し発言を予防する)。
・メンバーの実行上の不安点等の吐き出し、「この先の課題」「できていないこと」を見える化(課題管理表を用いた会議運用)。
・追加アクション。「誰が?いつまでに?」など、分担と納期の設定、決まったことの可視化、記録化(図表4-9)。
・時間管理担当の設定、厳格な時間管理。

図表4-9 課題管理表フォーマット

発生日	発生課題(できていないこと)実行に向けた不安点	課題への対応策	対応策担当	納期(いつまでに)	進捗状況

■教育・研修型のポイント

①事前準備
- 説明資料の雛形化・定型化（職場内の継続性を担保するためにも凝った資料は作成させない）。
- 「聞きたいこと」の事前情報収集。
- 説明対象を想定した説明内容の絞り込み。

②進め方
- 参加メンバーの「聞いている」反応ルールの設定、励行（反応がないことによる繰り返し発言を予防する）。
- 質問時間の事前設定、会議司会者による「わからないこと」についての意見出しの促進。
- 説明者に対する参加メンバーによる賞賛、説明内容に対する適切なフィードバック（フィードバックとは「こうした方がよい」といったアドバイスではなく、「できていること」「できていないこと」行動事実をそのまま伝えること。適時フィードバックは本人の説明力向上には極めて有効）。

　実際のところ、会議は上の４つのような目的別にきれいに切り分けて進められておらず、諸々混在して進められていることが多いものです。特に「アイデア意見抽出・議論型」と「進捗共有・実行重視型」が混在し、瞬間瞬間で２つが切り替わることが顕著のため、結果的に「念のため、あの人も」といった具合に参加メンバー数が増えたり、時間内で「あれもこれも」と議題と内容がそれぞれ増加していくのです。また、会議実施に至っては、主催者が本来は「決議重視・意思決定型」会議を想定していたにもかかわらず、突如「せっかくだから、それを実現するアイデアを皆で考えよう」とアイデアを求めるシーンになったり、「そういえば、あの件はどうなった」と進捗確認が始まるなど、話・論点が次々とすり変わって、会議が混乱し、結局終わらいというケースも少なくありません。

Ⅱ　ワークスタイル改善

図表 4-10　会議フィードバックシートの例

	研修・勉強会のフィードバック視点	目指す状態	印象メーター	講師へのフィードバックコメント
1	会議・勉強会目的・ゴールの明確化 事前のデザイン	「何のための研修・勉強会なのか？」「何が今日のゴールなのか？」明確になっている 目的、ゴール達成のための項目・進め方、時間配分が事前に明確になっている	強く感じた ←◎→ 感じなかった	ルール通り事前に課題・ゴール設定してもらったので、目的感をもって参加できました。
2	会議・勉強会に必要な情報の事前インプット	会議・勉強会に必要な情報が事前に共有され、参加者はインプットされた情報を元に会議・勉強会に参加し、質問や意見が言える状態になっている	強く感じた ←◎→ 感じなかった	勉強会前に資料を送付、読み込めたので、予習できました。
3	当日の資料構成、わかりやすさ	会の設定時間にそった適正な情報量であり、かつ全体構成・資料一枚一枚がわかりやすくまとまっている 聴き手のレベルにあった適切な難易度であり話についていけた	強く感じた ←→◎ 感じなかった	ちょっと情報量が多かった。自分にとっては消化不良でした。
4	講師の話、質疑応答のやり方、身振り手振り	資料を使って、過不足なく、わかりやすく説明している、話すスピードが早すぎず遅すぎず、声もはっきりと聴きやすい。投影資料の強調やどこを話しているのかなど、身振り手振りを用いて説明できている	強く感じた ←◎→ 感じなかった	たんたんと進められていました。自分もその立場だったらできるかはわかりませんが。
5	議論の見える化 グラフィカルスキル発揮	ホワイトボードやポストイットといったツールを活用し、会議・勉強会の進行状態や、参加メンバーの検討状態、意見・質問が、見えるようになっている	強く感じた ◎←→ 感じなかった	演習のシートがわかりやすくてよかったです。自分も真似したいです。
6	会議・勉強会の進行 コミュニケーション促進	講師、あるいは進行役・タイムキーパーの進行によってスムーズに会議・勉強会が進んでいる 参加メンバーの意見・質問といった発言が偏ることなく促され、会が盛り上がっている	強く感じた ←→◎ 感じなかった	講師、進行、タイムキーパーの役割がよく見えなかった。時間経過を途中で言われていませんでした。もっとはっきり時間区分を言ってしまったほうがわかりやすいです。
7	自分自身の会議・勉強会参加状態、役割の発揮	自分自身が積極的に会議・勉強会に参加、意見・質問を発言している 同時に、他メンバーの意見・質問の見える化やタイムキーピングによって、講師・進行役の推進や、会議・勉強会のゴール達成に貢献している	自分自身できた ←→◎ できなかった	今回講師の田中さんが一生懸命用意してくださったのに対して、もっといろいろ質問したりすればよかったです。次回はひと言でも意見や質問したいと思います。

Step 4　改善具体案を検討する

■「項目と時間」を守らせるために有効な方法とは

　会議を完全に目的別に切り分けられなくても、目的に沿った会議項目と時間配分を明確化する、あるいは明確にすることで論点の脱線を元に戻すなど、「効率と効果の両立」実現を近付けられるはずです。

　この「項目と時間」を守らせるために共通して有効な方法が4つあります。

①司会者・役割設定
　会議時間が長くなる、終わらない、結果投入時間が増えてしまう原因の１つは、会議主催者が自ら会議を取り仕切ることで冷静な情報整理ができなくなったり、時間管理がおろそかになったりするからです。会議主催者は自ら仕切らず、むしろ司会者を立てて客観的に進めたほうが効率も効果も高まります。

②時間管理ルール
　会議時間が長くなる最も大きな原因は、会議時間自体がコントロールされてないことにあります。開始時間が守られない、メンバーが集合しない、会議項目のそれぞれの設定時間が守られない、そもそも時間が設定されていない、終了時間が守られないといった具合です。このような状態に陥らないように、開始時間を守る、開始時間前に全員が会議室に集合している、会議項目ごとに時間設定してそれぞれ守る、終了時間を守る、次の入れ替えを想定し終了時間前に退室する等をルール化し、遵守を徹底しましょう。

③時間の見える化
　長時間化する会議室には時計が置いてないことが多いものです。時間管理ルールを徹底するためには、時間の状態を見える化し、会議参加メンバーに時間を意識させることが絶対条件です。見える化のためには会議室に時計を置いたり、タイマーを使います。また役割設定の一環でタイムキーパーを置き、時間の活用状態「残り時間あと３分です」「時間になりました」等、都度発信させることが有効です。

④議論の見える化
　会議では、議論がループ化したり、結論が出ずに終わってしまうことがよく起こります。その原因の１つは議論経過が見える化されておらず、似たような発言が繰り返されたり、会議終了時点に何が決まっていて、何が決まっていないかが明確にならないからです。これらの経過や決定事項はホワイトボード等を使って記録しましょう。ホワイトボードの使い方ですが、慣れな

いうちは下図のように大きく三分割し、議題と時間配分、発言の箇条書き、決定事項と残課題を書くようにします。特に決定事項と残された課題の書き出しは有効です。会議終了5分前にはここを埋める、あるいは埋まらないものは何か明確にするように習慣づけましょう。

図表 4-11 ホワイトボードの使い方イメージ

```
┌─────────────────────────────────────────────┐
│  議題と時間配分                              │
│  ●何をどれだけ話すかに注意を向けさせる       │
│  ●会議事案（アジェンダ）を印刷・掲示するのも │   決定事項
│    簡単でおすすめ                           │   (残課題があれば併せて記入)
│                                            │
│  ─────────────────────────                  │   ●決定事項や積み残し、
│                                            │     決まっていないこと(残
│  発言の箇条書き                              │     課題)を明記する
│  ●発言を箇条書きにする                      │   ●誰がいつまでに何をす
│  ●認識のズレを防ぎ、理解を助ける             │     るのか明確化して、次
│  ●発言の重複を避ける                        │     の行動につなげる
│                                            │
└─────────────────────────────────────────────┘
```

12

メールの見直し

■「書く」「読む」「探す」のそれぞれを減らす

　208頁でも説明した職場・オフィスでの「情報共有」の方法のひとつがメールです。言うまでもなくメールは職場・オフィスに限らず、時間と場所を越えた情報共有・連絡手段であり、いまや社内外コミュニケーションに欠かせないツールとなっています。それゆえに私達はメール作成や読み取り、検索に異常に時間をかけています。Step2で紹介した仕事の時間構成比を調べると、このメールに多大な時間をかけていることがわかります。そもそも私達は効率的かつ効果的にメールをやりとりする方法論がない、ルール自体が職場に存在しないことに気づかされるでしょう。

　メールを見直す、効率的に操作するには、メールに関わるそれぞれの作業・動作である、メールを「書く」「読む」「探す」それぞれについて件数と1回あたり時間を減らすよう、分解して考えましょう。それぞれの件数と時間が減れば全体的に時間が圧縮されます。会社のセキュリティ条件やシステムポリシーの下でできること、できないことが分かれますが、全くできないことはないはずです。

①メールを書く

件数を減らす

・メールは使わない。簡単な意思疎通に何回もメールのやりとりをするのは非効率。その場合には直接口頭で伝える、電話で済ます。
・メールで連絡することがふさわしい内容か吟味する。メールは文字によるやり取りのため、メッセージの受け取られ方に誤解が生じ、トラブルの元になることもある。そのため、複雑なことや文章が長くなる報告事項は相

手に的確に伝えるためにもメールでは実施しない。
・急ぎの連絡や報告（クレームや重大トラブルなど）にはメールを使わない。

|1回あたり時間を減らす|

・類似内容メール、定型メールの雛形化。
・辞書機能をフル活用したり、定型文を短縮化してスピードアップ。
・箇条書き、要件の明確化による、メール文字量の削減。
・メールと他の方法との使い分け（第一報はメール、詳細は口頭で、など）。
・個々のタイピングスキルの向上によるスピードアップ。
・メール作成時間を設定する、完了時間を意識したスピードアップ、一気に作成することを心がける。

②メールを読む

|件数を減らす|

・本当に必要な相手のみ送信するルールの徹底。「念のためCC」を極力抑制する。
・不要なメーリングリスト、メールマガジンの停止。
・タイトルの工夫による未読文書の優先付け。
・ワークフロー、決裁依頼の権限委譲、ルールの緩和。

|1回あたり時間を減らす|

・メール確認時間の設定、バッチ化して一気にまとめ読み。
・メーリングソフトのメール受信通知機能の停止（都度確認しない、まとめ読みで時間減）。

③メールを探す

|件数を減らす|

・直接口頭、電話で済ますことによる受信メール件数の低減。「了解しました」等のやりとりをなくし、アドレス別メールのビュー行数を減らす。
・検索対象を減らすための引用文の削除保存。各受信済みメールに不要な引用文がぶら下がっていると、キーワード検索によって余計に抽出されてしまう。

・メール以外のコミュニケーションツール活用。プロジェクト等活動単位別のディスカッション型データベース活用やSNS・メッセージ機能を活用する。

1回あたり時間を減らす

・メーリングソフトのアーカイブ機能を用い、検索スピードを上げる。
・メーリングソフトのフォルダ活用による目的別メールの自動仕分け、整理整頓。ドメイン名やタイトル名・メール文章に含まれる会社名・キーワードで自動仕分けが可能。
・タイトルの工夫よる並べ替え探索。

　メールは、相手に読んでもらい、かつ伝わらなければ目的は達成されません。会議同様、効率かつ効果を追う必要があります。そのためにもっとも重要なことは「タイトルの工夫」と「文書作成」です。

タイトルの工夫

　相手がメールを真っ先にクリックしてもらう、読んでもらうためには、まず受信ビューに表示されるタイトルによって相手の気を引きつける、優先度を上げてもらう必要があります。
　優先度を上げるポイントは、誰あての要件かわかる（自分宛なのか、ccなのか）、何の活動に関わる要件かわかる、何をしてもらいたいか直感的にわかる、の3つです。これらを満たすタイトル例は次の通りです。

（例）
【A社向け提案：お願い（田中さん）】9日まで提案書レビュー

　特に「何をしてもらいたいか？」は、「至急」や「納期付き」など、注意を喚起するキーワードを用いる、あるいはより具体的に表現すると効果的です。墨付きカッコや「☆」や「○」といった記号を用いて目立たせることも有効です。

> 文書作成

　メールの見直しについて職場からよく出る不満は、「そもそも件数が多くて読み書きに時間がかかっている」という量的な問題と、「メールの内容が長くていらいらする、読む気がしない」「読んでも結局どうしてほしいのかわからない」といった内容・質に関わる問題に分かれます。後者は文章作成の訓練がなされていないことから起きる現象です。

　以下の点を留意して職場、さらには会社のルールにすることが効果的です。

・特に社内メールの付随の挨拶等はやめる。

　例えば「おはようございます」といった時間的挨拶は読み手の受信時間を考慮していません。また、「お元気ですか？」といった投げかけは、相手に「元気です」といった返信を求めることになります。この点は日常のリアルコミュニケーションの度合いで解決する話です。すべてのコミュニケーション要件を1つのメール文章に盛り込もうとするから、メール文章が必然的に長くなるのです。

・ダラダラ書かない、箇条書きを心がける。

　ポイントは「結論が先、論拠は数を用いて箇条書き」です。これはロジカルシンキングの一種で、訓練すれば誰でも取りかかれます。文章がダラダラ長くなるのは、言いたいことが絞り込めていないからです。

　（例）

・今日の部内会議は中止、1週間後とします。
・時間・場所は追って連絡します。

　理由は次の2つです。

1．XXXXXX
2．XXXXXX

　なお、メールの見直し活動を行うと、その効果は単にメールの件数とそれに関わる時間が減るだけではなく、「今までよりも職場内のリアルなコミュニケーション、声がけの数が増えた」といった具合にコミュニケーション活性化の効果も現れます。ぜひ、できるところから着手してみてください。

13

対面コミュニケーションの見直し

■見直しの視点とステップ

　メール・電話など、従来からある情報共有・コミュニケーション手段に加えて、最近はメッセージ機能も含めたSNSといったコミュニケーションツールを導入するケースも増えてきました。しかしながら「相手と直に会ってやりとりする」対面コミュニケーションは職場の業務遂行上、あるいはコミュニケーション活性化という観点でも相変わらず重要視されています。とは言え、何をもってリアルなコミュニケーションと考えるのか、あるいはバーチャルとするのか、はっきりと規定して運用されているわけではなく、その職場の上司、上長のポリシーを中心にして暗黙の了解でコミュニケーションルールがやんわりと形成されていると言えます。またコミュニケーションの手段である「会話」をきちんと成立させた上でコミュニケーションが取られているかというとそうではなく、一方的な通知・指示になっていて、そもそも対面でなくても済むような情報が混在している、あるいは各人の説明時間が長くなる、間延びすることで全体の職場全体の長時間化の一因となっていることが問題です。また、セクハラ・パワハラを含めたコンプライアンスの観点、時間制約がある社員（例えば女性を中心とした育児中社員、あるいは介護中の時短勤務社員）への配慮から、従来職場外（オフサイト＝会社ではない、くだけた非公式な場）でとっていたコミュニケーション、例えば夜の飲み会などは通用しにくい状況になっています。

　したがって、どういった対面コミュニケーションを取るべきか、「会議の見直し」目的・手段の設定も前提において、そこで補えないコミュニケーションはどう図るべきかを検討しましょう。検討する視点、ステップは次の3点です。

■（1）対面コミュニケーション上の問題点をさぐる

　会議・ミーティングは効率と効果の両立を図る一方で、そこにはコミュニケーションによるモチベーション向上といった効果は抜けがちです。したがって、いったん効率化検討した会議体を補うコミュニケーションシーンを別途設定する必要があります。そのためにはまずは部門長・上司・部下間のコミュニケーション状態を客観的に振り返る必要があります。

・会議・ミーティング以外で、部門長・上司・部下間での対面コミュニケーション機会はあるか？　サイクルはどの程度か？　上長はどの程度時間を確保できているか？
・それらの機会の目的は明確か？　人によって目的に偏りはないか？（あるいは意図的に目的を変えられているか？）
・1回1人あたり何分とれているか？個人別に偏りはないか？（あるいは意図的に設定時間を変えられているか？）
・目的に沿ったコミュニケーション・会話のキャッチボールになっているか？（一方的にしゃべる、傾聴できていないといった現象は起きていないか？　相手に配慮した発言となっているか？）
・時間的なことは、Step2で紹介した仕事の時間構成比の結果を活用する、あるいは具体的にどの程度回数が取れているか1カ月程度確認することをおすすめします。

　職場内のコミュニケーション対象となるメンバーの経験・スキルといった能力は当然ばらついているものです。ばらつきを前提にそれぞれ能力発揮、モチベーション向上を図るためには明確なコミュニケーション目的の設定と、ばらつきによって目的の重み付けやサイクルを変える必要があります。

■（2）対面コミュニケーションのシーンを再設定する

　客観的な振り返りによって足りないもの、強化したいものが発見できれば、それを何で補うかを考えます。例えば、報告・連絡・相談の機会は設定しているが、それに対してのフィードバック＆アドバイスが足りない（一方的に

上司が聞いているだけ）という不具合があれば、都度その機会を作る、あるいは時間が足りなければ月に１回10分間面談するといった要領です。それも個人の能力のバラつきによって設定時間やサイクルは変わってきます。またそもそも上長の時間が十分取れていないのであれば、それを補うために従来の会議体で対面コミュニケーション機会を作る、あるいは報告事項はすべてメールで済ませ、別途相談だけは対面コミュニケーション時間を確保するといった方向性が想定されます。

加えてシーン別の手段はコミュニケーション目的によって変わってきます。相談事項も日常業務であればアドバイスが求められますが、中期的な話であればむしろ聴くことに徹するべきです。ふだん上意下達的、発信する時間帯が長いと感じる場合は意図的にコミュニケーション時間のシーンを変える必要があります。

なお、女性活躍・ダイバーシティが進行するにつれて、様々な立場の社員や立場のバリエーションが増えてくることが想定されます。目下想定されることは女性社員数や比率の拡大です。したがって今後は性別に着目した対面コミュニケーションも重要視されます。男性・女性は脳の構造の違いから、脳科学的に求められるコミュニケーションサイクル・手段が変わってくると言われています。今後はその点についても考慮してコミュニケーションを図るとよいでしょう。

①**男性の傾向**
・活動成果を客観的に明確な形で評価してほしい。
・全体がつかめない時間が長く続くとストレスになる。先の見えない仕事への耐性が低い。
・そのため日報、週報などをベースに推移を客観評価する。したがってリアルな対面コミュニケーションはさほど必要ないと言われている。

②**女性の傾向**
・プロセスや細かい気づきと行動についてねぎらってほしい。

「見てもらっている」ことさえわかれば、先の見えない仕事もタフに続けられる。
・数字ばかりを言われると成果だけを求められているように感じ、虚しくなる。
・したがってくじけそうになったとき、大変だったとき、その瞬間の活動をなるべく短いサイクルで、都度ねぎらうことがポイントと言われている。

■（3）対面コミュニケーションを実施する

　部門長、上長、あるいは職場で決めたコミュニケーションルールにしたがって一定サイクルで対面コミュニケーションを実施します。「時間があるときに」ではうまくいきません。コミュニケーション時間を意図的に日常の計画に盛り込むことが重要です。むろん計画通り、意図通りにできないことは多いでしょう。そこはStep2で説明した「予定実績の見える化」（139頁）も活用して是正していきましょう。ここでは対面コミュニケーションを図る上でのポイントを挙げておきます。

①話し手側：ショートプレゼンの習慣付け
　会話の基本はやはり「効率かつ効果」です。情報共有・コミュニケーションの目的によって「効率・効果」比重は変わりますが、スピードが求められるビジネスシーンを考えれば、「簡潔にわかりやすく伝える」スキルが求められます。このために効果的なのがショートプレゼンです。「エレベーターが目的階に着くまでの短時間で言いたいことを言い切る」ことに由来して、「エレベーターピッチ」と呼ばれます。結論を先に言う、結論から話すことで、時間がない人に対しても大事なポイントを的確に伝えます。短時間にたくさんの情報を盛り込もうとすると、何が主題か分かりにくくなります。すべてをわかってもらおうとせず、伝えるべきメッセージを絞り込むことがポイントです。特にメッセージの絞り込みについてはメール同様、ロジカルに「理由は2つです」等、先に論拠を言い切ることが大切です。

②聴き手側：積極的傾聴の習慣づけ

　一方聴き手側の基本は「聴く姿勢」です。聴くスタンスに立たなければ相手は対面で話しにくく、そもそも近寄り難くなってしまい、結果コミュニケーション目的が達成されない状態に陥ります。スタンスとしては「共感」と「独断・先入観を捨てる」態度が求められます。「共感的態度」とは、相手が伝えようとすることをまずは受け取り、相手の立場に立って理解しようとする姿勢であり、同感、賛成とは違います。また「独断・先入観を捨てる態度」とは、自分の経験や見方だけで相手の話を判断せず、相手の話をありのままに聴くことです。そうすることで頭の中の思考・発想にとらわれず、目の前の相手に集中することができます。

　このスタンスをあらわすために次の４点に留意して行動します。

・うなずく（相手の話に対して、興味・関心を持ち、反応を示す）。
・あいづちを打つ（話の内容を理解して、さらに話を続けて欲しい「なるほど」「そうなんだ」「それで」態度を示す）。
・復唱する（オウム返し、要約して返す）。
・言葉になっていない部分を感じ取る（話のスピード・間、明るさ／暗さ、高さ／低さなど声やニュアンスなど、相手が言語にできていない部分や言葉以外で発しているものを感じ取る）。

　逆にやってはいけない「聴かない姿勢」は上記行動を示さないことと、例えば腕組みをする、顔をほとんど見ないといった「相手を受け入れようとしていない」と受け取られる態度をとることです。自分の何気ない行動には気がついていないこともあります。実際にコミュニケーションの状態を客観的に観察してもらい、できているかどうかをチェックするのも手でしょう。

　なお、コミュニケーションシーン同様、男女は性別の違いから、脳科学的に求められる手段、やり方が変わってくると言われています。こちらも留意しましょう。

①男性の傾向

- 会話においても空間認知能力を使う男性脳は自然と「話す目的に対して、何の要素を話すか」探りながら話すことが特徴。
- ただしそれが必ずしも論理的とは限らないため、それを引き出すように会話することがポイント。逆にこちらから話題を振らないと情報が出てこないこともあり得る。

②女性の傾向

- 感じたことを感じたままにしゃべることで、他者と共感し合い、コミュニティ形成を図ることが特徴。
- したがって「で、結論は何？」「話が長いので簡潔に」等結論を急がせることは禁物。先を急がず、言葉の反復によって考えを率直にアウトプットさせることがポイント。時間が限られている場合は、「後の予定もあるので20分以内で」等、時間をあらかじめ区切るとよい。

14

マルチ化・助け合い・応受援

■負荷平準化の3つの方法

　Step2「就業時間や残業の見える化」で述べたように、職場によっては総投入時間の多さに加えて、個々人の残業時間（仕事量）のバラつきが問題となるケースがあります。その原因は助け合い（複数担当化・マルチ化）の遅れ、すなわち「属人化」による特定個人への負荷集中です。これらを解消するには、対象業務そのものをやめる、外出し・アウトソーシング化する、大幅に軽減化するか、それらができない前提であれば、対象業務の負荷を平準化するしかありません。負荷平準化のやり方は3つあります。1つめは特定時期の「発生タイミングの分散化」前後に分けることで平準化するやり方です。例えば月初3日間に集中するものを6日間で実施する、この場合は1日あたりの負荷は単純計算で半減するはずです。ただし仕事納期や発生タイミングは顧客、外部取引先並びに内部顧客の要求条件からの制約条件であり、タイミングの変更の実現は難しい場合もあります。2つめはここで説明する「複数担当化・マルチ化」です。発生タイミングで時期を分散化できないのであれば、複数人で取り組むことで負荷の平準化を試みます。例えば1人で10時間かかる仕事を2人で実施すれば、1日あたりの負荷は単純計算で5時間と半減します。3つめは、「時期と人の分散の組み合わせ」です。これが最も効果が高いのですが、制約条件を覆すことができなければ、1つめ同様実現は難しいでしょう。したがって部門・組織においてまず着手できることは複数担当化・マルチ化です。

　また複数担当化・マルチ化のメリットは負荷低減・バラつき解消だけではありません。最も有効なのは、担当者の突発的な休日発生時の対応力の向上と、誰でもできることによる業務発生タイミングでの休暇取得の柔軟性の確

保です。最近はコンプライアンスや健康増進を目的とした有休取得日数向上のためにマルチ化に取り組む傾向が多く見られます。特に連続休暇、長期休暇を促進・奨励している企業にとっては、この取り組みは欠かせません。

■複数担当化・マルチ化の目指す段階

　複数担当化・マルチ化のレベル・目指す姿には段階があります。最も理想的な姿は、「部門のあらゆる業務を複数人で実施できる状態」です。この状態であれば、どのような突発事項も相互応受援が可能であり、また計画的に休暇を取ることも可能でしょう。長時間労働の解消、ワーク・ライフバランス実現のためには最終的に目指したい姿です。しかしながらここに行き着くには相当の改善時間を費やす必要があります。まずはじめに、「誰でもできる」前提とするための様々な仕事の簡素化、効率化のための検討時間が必要です。次に、その状態を形式知化、つまりマニュアル化するための業務マニュアル作成時間が必要です。さらに3つめとして、マニュアル化したものを複数の担当者が円滑に業務遂行できるような教育時間が必要です。業務マニュアル作成は「作ること」が目的ではなく、使って初めて目的が達成されるのです。そのためには、実際に担当者に読み込んでもらい、それを使って業務を行ってもらう必要があります。そのように考えてみると、いきなり理想状態を目指すのがいかに難しいかわかるはずです（詳細は194～200頁参照）。

　その前の段階は「目的・ねらい達成に近しい状態」です。つまり負荷がかかるもの、発生頻度が低く大きな負荷はかかっていないが実際に発生すると困るものなど、改善効果が高い、リスクが高いものに絞り込んで先にマルチ化を図る状態です。職場によって対象の業務種類、業務数、効果は変わってきますが、少なくとも理想状態より対象が絞り込まれている分、着手はしやすいはずです。

　さらにその前の段階は「部分的に手伝える状態」です。「1つの仕事をワンパッケージ化」した上でのマルチ化は難しいものの、一部手伝ってもらうだけで、発生日・発生時間帯は楽になる、そのような細かい作業は職場にはけっこうあるものです。マニュアル作成や教育時間がなかなか確保できない職場は、まずはここからスタートさせ、先に少しでも効果を出しましょう。

■複数担当化・マルチ化の進め方

　まずはマルチ化の対象業務を明確にします。すでに作成した業務体系表を用いて、業務量、現状どの程度の担当者が実施可能なのかを見える化していきましょう。この場合、量が多くかつ担当者数が少ない業務が最も負荷が集中化し、止まってしまうと影響度・リスクが大きい業務ということになります。さらにそれらを対象に、発生タイミング、スキル移転や業務シェアの難易度の高さ、低さを明確化、評価します。発生タイミングはスキル移転の着手優先度を判定します。仮に量が多かったり、リスクが高くても、例えば発生時期が10ヶ月後であれば、効果は10ヶ月後であり、即時着手する必要がなく、緊急性が低いからです。スキル移転・シェア難易度の高さはマニュアル作成のボリューム感をあらかじめ計るためです。最終的には理想状態がゴールですが、いきなり難易度の高いものに着手すると、マニュアルの完成が遅くなり、結局教育しきれないといったことが起き得ます。複数担当化・マルチ化は効果の高いところよりも、着手しやすいところからスタートするという考え方で進めるとよいでしょう。

　加えて、誰に業務を引き継ぐか、複数担当化するか対象者を業務量のバラ

図表 4-12 業務複数担当検討表フォーマット

No	機能（大分類）	No	業務（中分類）	No	処理手順（小分類）	処理的作業内容	

ンスや他の仕事との関連性、流れを加味して決めていきます。

　複数担当化・マルチ化の対象業務と引き継ぎ対象者・担当者が決まったら、発生タイミングを加味して、どの順番から業務マニュアルを作成するか検討し、順番と期限を決めます。ポイントは期限ありきではなく、作成できる投入時間総量からどの程度マニュアルが作成できるか、客観的に推測することです。期限ありきのスタンスで進めると、結果的に質が伴わないマニュアル、使えない・役に立たないマニュアルとなり、後の再作成や、やり直しで同様の負荷がかかってしまうからです。先に述べたように業務マニュアル作成の活動は作ることが目的ではなく、使って初めて目的が達成されます。負荷集中、リスクは問題ですが、単に業務をこなすことが常態化している職場・担当者にとっては業務マニュアルはなくても困りません。ですから期限ありきになればいくらでもポイントを省略して作成できてしまう点を考慮する必要があります。

　期限内で作成すべきマニュアル数が決まれば、予定実績表を用い、1日の仕事の中に作成作業組み込みつつ、作成を推進していきます。ポイントは半年で20といったざっくりした期間と数量設定ではなく、細かい期間で、例えば月に3つなど中間地点を設定し、進捗状態を指標化することです。また

	業務量	実施担当者					発生タイミング	難易度		対応基準	
		Aさん	Bさん	Cさん	Dさん	実施担当者数		シェア可能	不可能	有り	無し

できれば「できたか、できていないか」だけではなく、「ドラフト版作成完了→引継ぎ者による確認、不明点指摘完了→修正・リリース版作成完了※」と、作成プロセス・アクション別に指標化しましょう。例えば月に３つのマニュアル作成が目標であれば、総アクション数は３×３＝９アクションとなります。９つのうち、どの程度完了しているかパーセンテージで表すと、月単位の進捗度や活動期間中の累積進捗度も見えてきます。このようにゴール状態を見える化して課題管理しつつ、頑張り度合いを小まめに評価、フィードバック、ねぎらうことが、日常業務以外のモチベーション向上のために重要です。複数担当化・マルチ化の活動には、このような配慮は欠かせません。

　マニュアル化が作成した後は実際に業務発生タイミングに合わせて、引継ぎ者がマニュアルを用いて実際に作業を行います。これはすでに説明した「第三者、ペアによるチェック法（200頁参照）」の要領です。目的はマニュアルの抜け漏れの発見、精度向上です。実際にやってみて抜けている作業工程やちょっとしたカンコツを盛り込み、その場で修正をかけてマニュアルを完成させると同時に、引継ぎ者の習熟レベルを上げていきます。

　時間的に業務単位の複数担当化・マルチ化が難しい場合は、小分類単位の仕事の手順の中で「処理的なもの」「皆でできるもの」はないかとブレイクダウンしてください。ワンパッケージで考えると難易度が高い仕事も、手作業の単位まで分けると、意外と皆でできるものが含まれている可能性があります。例えばバックオフィスの事務仕事であれば帳票の仕分け作業、処理終了後の簡易なチェック作業、本社部門であれば、定例会議や、何らかのイベント発生時の準備・片付け作業などが挙げられます。ポイントは仕事の目的そのもの・価値作業に対して前後で発生する付帯的な作業です。このように価値作業、付帯作業と分けて考えると取り組めそうなものが見えてきます。加えて、この種の作業は基本手順がそれほど複雑ではないので、必要備品と場所、使用システムなど対象が明確にさえなれば業務マニュアル作成も大きな負荷とはなりません。業務マニュアル作成とまでいかなくても、作業ポイントを箇条書きにまとめる程度でもよいでしょう。また発生頻度が高ければ一度教えれば誰でもできる作業なので、その点でも負荷はあまりかからず、業務発生タイミングで効果を得ることができます。

※会社によっては、引継ぎ者の理解度向上を目的に、引継ぎ者によるドラフト版作成→元担当者の確認→引継ぎ者による修正・リリース版作成という流れで行う場合もある。

Ⅱ　ワークスタイル改善

■応受援の実施

　ある程度の複数担当化・マルチ化の仕組み、業務マニュアル等のコンテンツが揃っても、最終的には応受援を円滑に進めるための日常のマネジメント、コミュニケーションが欠かせません。例えば作業発生タイミング当日、直前に手伝いが必要な事態になったとしても、そうタイミングよく手伝えるほど、職場には余力がないでしょうし、仮にあったとしても手伝う側の精神的負担や不満は容易に想像がつきます。これらのマネジメントやコミュニケーションに有効なツールがすでに紹介した「予定実績表」（143頁）です。2、3日程度先のおおよその負荷が見えていれば、部門長・上長を経由したメンバーへの応援の依頼・事前の声がけ、その日に向けての優先度の組み換え・準備などが可能になります。負荷をより見える状態にするため、例えば特に厳しくなりそうな日・時間帯、あるいは前日の残作業が多い日の残作業予定時間などには目立つ色を付けるといった工夫もおすすめです。このような日常業務の負荷の見える化と応援のための事前準備の活動が進むと、組織的対応力、つまり、余力の創出の可能性が格段に高まります。

　一方で、当日急な突発が発生して結果的に応受援が急遽必要になる場合もあるでしょう。そんなときも日常的なコミュニケーション状態が鍵になります。「急に忙しくなりました。誰か手伝えますか？」と発信できる状態をめざしたいところです。部門長、上長による都度判定は前提ですが、理想は職場内で相互に「手伝ってください」「わかりました」と応受援できる状態です。

　そのためには、忙しいときに「忙しい」とはっきり言える部内ルール設定や雰囲気作りが大切です。例えば朝礼のタイミングで負荷状態を発信する、それを励行するコミュニケーションルールを設定し、実際に発信している担当者には「よく言ったね」と周りが都度コメントするようにしましょう。さらに大切なこと応援を受けた側が応援した側に対してその行為をねぎらい「ありがとう」と返す行為です。それができるような日常的なコミュニケーションの活性化、応受援の励行と賞賛があってこそ、マルチ化・応受援は実現できるのです。

Step 4　改善具体案を検討する

15

オフィス環境を変える施策

　Step3では、働き方見直し、ワークスタイル改革と呼ばれるテーマ領域は「働く制度・ルールを大きく変える」「働く環境を大きく変える」の2つに加えて「働く意識・風土を大きく変える」の3つあると説明しました（176頁）。それぞれのテーマ領域に取り組むことで、働く環境や制度という前提条件、つまり私達の既存の行動基準や働き方の常識を大きく変え、「場所や時間制約をなくす、制約に縛られずに働き続ける」「コミュニケーションの水準を高め、モチベーションや成果を向上する」などの状態をねらいます。

■優秀な人材を確保する柔軟な働き方実現

　2010年以降、女性活躍推進を背景に、産休や女性を中心とした育休制度の充実による復職率向上をねらうだけではなく、子育て、あるいは親の介護などのために時間に制約がある社員に対する人事制度、就業規則改定が盛んになっています。政府の方針も受けて、短時間勤務制度や、さらに踏み込んだ在宅勤務制度・テレワークなどの制度導入が拡大しています。また時間制約、場所の制約をなくすためのフレックスタイム制度、営業部門を中心とした直行直帰ルールなどは以前から取り組んでいる企業が多い制度です。

　このような制度・ルールの検討・改定の活動を、一般的には「柔軟な働き方」の実現と言います。柔軟な働き方とは、働き方バリエーションを拡大することを意味します。バリエーションが増えれば、特に時間制約のない社員はこれまでの働き方を維持しつつ、育児、家族要介護といった時間制約がある社員の「長く働き続けられる」「立場によって働き方を変える」ことが可能になります。柔軟な働き方を実現することで「時間制約があるため会社を辞めざるを得ない」といった人材流出の防止が可能になるのです。

　柔軟な働き方を実現は、制度・ルールの改定と、それら制度を支えている

重要な要素であるICTツール・ソフトウェアの活用が欠かせません。モバイルパソコンやタブレット端末の貸与、それに合わせての基幹系・業務支援システムのモバイル対応・機能拡張、セキュリティシステムの強化などが挙げられます。最近ではデータ通信の高速化も背景にしたシンクライアント化、VPN・暗号化、あるいは端末紛失時のデータ消去など、以前に増してセキュリティのしかけ・機能は高度化しており、モバイル対応・テレワーク化の敷居は相当下がっています。

さらに在宅勤務を支援するWebカメラ活用、勤怠を管理するための業務管理およびタイムマネジメントツール、最終的にはパソコン起動ログの確認など、ICTツール・ソフトウェアも充実しています。

これらの「制度・ルールの見直し」「オフィス環境の見直し」をセットにして取り組み、仕組みを活用することでより柔軟な働き方を実現していきます。

■新しいことを考えるための情報共有・コラボレーション職場作り

一方、これまでは職場・オフィスで仕事をすることがあたりまえでしたが、これからは「何のために職場・オフィスで働くのか？」を考える必要が出てきました。個人でできること、処理的なことは「時間制約・場所制約」をなくすツールや制度・ルールを用いれば、どこでも可能になるからです。したがって今後は、職場・オフィスに来ないとできない仕事の高度化、効率化が求められます。その代表例が「情報共有」、つまり、異なる情報同士をすり合わせしたり、その場で加工することで、新しく有益な情報を産み出す行為です。われわれは情報共有のために職場・オフィスに通っており、それは今後も大きく変わることはないはずです。したがって職場・オフィスをいかに情報共有が図りやすい場所に変化させるか、そこに着目して「環境を大きく変える」ことを考える必要があります。

しかもこれから求められるのは、既存の情報をベースにした事業運営、商品・製品サービス開発ではなく、多様な人材集団によるコラボレーション、新しい知・情報の交流です。したがって、例えば情報共有手段の代表である会議・ミーティングも含め、情報共有に関わる機器・ファシリティ類も効率

と効果が最大限に上がるように支援すべきです。そのためのアイデアキーワードを挙げておきます。

①会議室を見える化する、壁をなくす

　会議は機密情報を扱うことを前提にして中が見えない部屋もあります。しかしながら、すべての会議がそのような情報を扱っているとは限りませんし、もっとオープンにすべきです。それにより、「よその部門はどんな会議スタイルだろうか？」「盛り上がっていて、面白そう」「うちも真似したい」「その案件・事案だったら自分も加われるかも」といった会議スタイルの拡散からアイデア創発まで期待できます。情報共有を目的として職場・オフィスに来るのであればそのスタイルや検討アイデアも見える状態が理想です。

　加えて、見えることにより時間効果も期待できます。なぜなら、終了間際に次の会議室利用者が見えるからです。これにより時間厳守ルールがより促進されるでしょう。

②ペーパレス化による会議付帯時間の削減

　会議・ミーティングは情報共有時間こそが価値時間であって、資料を印刷して用意する行為は付帯作業、非付加価値作業にあたります。ノートパソコン、タブレット端末は１人１台はあたりまえの時代です。会議全体の「効率と効果」を実現するためにも紙媒体を用いた会議は、この先はやめるべきでしょう。

　また会議室のオープン化に伴う機密情報保持上の制約があればなおのことです。紙媒体による情報流出は相変わらず起きていることを考えると、ペーパレス促進は欠かせない活動です。

③紙や場所に縛られないフリーアドレス化

　紙に縛られないワークスタイルは、自席の机・引き出し、離れたキャビネットや複合プリンターといった紙媒体に関わる機器・オフィスファシリティへの移動・場所制約を一気に解放します。それによって「どこでも仕事」をやりやすい環境となるのです。結果的に組織を超えた、よそを知る、ちょっ

とした情報を知る機会作りを促進します。

④フリーなコミュニケーションスペース作り
　ペーパレス化は紙媒体を減らすことにより書類保管庫、キャビネットスペースを削減する効果も大いに期待できます。取り組み企業によっては８割～９割も圧縮した事例もあります。さらにフリーアドレスにすることによるスペース効率も期待できます。これらのスペース余力を、情報共有促進・新しい情報のすり合わせポイントとなるスペースとして有効活用することも可能です。「意図的なコラボレーションスペース」として活用する会社もあれば、「雑談推奨」として小さな休憩スペースを多数設ける会社もあり、その活用方法は働き方ポリシーによって様々考えられます。

⑤モニター・デジタルサイネージ活用による重要情報の見せる化
　大多数の会社では、多岐にわたる情報を従業員に通知、あるいは周知・徹底するため、グループウェアの掲示板機能、ポータル機能を用いて情報を発信しているはずです。しかし実態として従業員は発信している側が考えているほど通知文書は見ていません。その理由は発信情報は従業員が自ら見に行く「プル型」の通知だからです。したがって情報が発信されたことを認知していない、あるいは認知していても個人が勝手に「自分とは関係ない文書だ」と思った瞬間、自ら見に行こうとはしないでしょう。
　そのため、既存のツールと併せて、特に重要な情報については社内の公共スペースのモニターやイントラのトップページなどを活用して積極的にプッシュし、「見せる回数」を増やすことが重要です。結局人の意識・認知度は何回プッシュされたかに大きく比例するからです。

⑥社内SNSの活用、コラボレーションの促進
　オフィスにおけるリアルコミュニケーションには限界があります。だからと言って、既存の情報共有ツール、グループウェアでの既存ナレッジ・データベースは古い情報カテゴリー区分で格納された情報しか検索・認知することができません。したがって、今後は古い情報カテゴリー区分ではなく、情

報を認知、発信している人同士のつながりで情報を認知したり、バーチャルで再加工する仕組みが求められます。そのための有効ツールが社内SNSです。これによって発信情報単位で人のコラボレーション・共感やバーチャルで情報共有や再加工を図ります。このような活動を活性化させるためには、社内の価値観として「会社の発展のためにお互い協力し合うのがあたりまえ」という雰囲気を浸透させることが重要です。

⑦テレビ会議の高度化

　最終的にめざす状態は、これらの機器・ファシリティを活用した、それぞれが遠隔で連携できるオフィス作りによる時間・場所制約の極力排除です。そのためには顔色・人のテンション・空気感までわかるバーチャルコミュニケーションツールが求められます。具体的にはテレビ会議システムの活用が考えられますが、最近のシステムは表示される映像や音声の精度が相当上がっており、「人の顔がわかりづらい」「音声が途切れ途切れで都度何を言ったかの確認が必要」などの情報共有時のストレスは減ってきています。またプロジェクションマッピング技術を用いて、3Dでオフィスの様子を投影したり、常時接続することで、あたかも遠隔のオフィス同士が近くに存在しているように運用することも可能です。

　これらのキーワードに関わる施策は、すべてまとめて実現させることは困難でしょう。それはICTツール・ソフトウェアにかけられる投資規模・投資対効果といったコスト課題に加えて、実際にそれらのツール類を使いこなし、ねらった成果に近づける運用課題が大きいからです。したがってツール機能を拡張する志向で、右図のように達成ステージと具体的状態をかかげて段階的に取り組むことをおすすめします。

図表 4-13 オフィス内のコミュニケーションの各ステージ

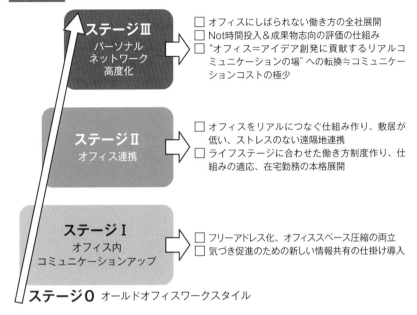

- ステージⅢ　パーソナルネットワーク高度化
  - □ オフィスにしばられない働き方の全社展開
  - □ Not時間投入＆成果物志向の評価の仕組み
  - □ "オフィス＝アイデア創発に貢献するリアルコミュニケーションの場"への転換≒コミュニケーションコストの極少

- ステージⅡ　オフィス連携
  - □ オフィスをリアルにつなぐ仕組み作り、敷居が低い、ストレスのない遠隔地連携
  - □ ライフステージに合わせた働き方制度作り、仕組みの適応、在宅勤務の本格展開

- ステージⅠ　オフィス内コミュニケーションアップ
  - □ フリーアドレス化、オフィススペース圧縮の両立
  - □ 気づき促進のための新しい情報共有の仕掛け導入

- ステージ0　オールドオフィスワークスタイル

Column

選ぶべきツールはアナログ？ デジタル？

　数年前、あるIT関連企業から「画面開発の投入時間が見えない」「時間を見える化することでムダをなくしたい」と相談を受け、業務量の見える化・改善をお手伝いしました。

　仕事の初日、オフィス内で指定されたデスクで分析作業を行っているうちに正午になりました。すると突然ラインのリーダー社員が立ち上がり、大きな声で「はい、朝礼やりまーす」。すると、周辺の社員は全員立ち上がり、そばのホワイトボードに集まりました。そのボードにはマグネットを用いたグラフが表示されていました。「おはようございます」間髪入れず「昨日からの重要案件は○件で、このように、それぞれ○○さん、○○さんに割り振られています。進捗はどうですか？ 他に重たいものはある？」テキパキ確認しつつ、進捗管理システムでもわかるはずの案件の作業状況をボード上のマグネットを使って状況を再現しています。その会社は当時二交代勤務で断続的に開発を進めるため、朝～夕方勤務と夕方～深夜で作業しており、メンバーが全員顔を合わせることがないため、朝礼と夕礼で引き継ぐ対象の情報共有と見える化を図っていたのです。進捗管理システムを使えば状況はわかるのですが、重要情報をメンバーにプッシュするためにあえてボードを使い、アナログで取り組んでいたのです。同社は新しい業態で歴史は浅い会社でしたが、見える化によるマネジメントには長けていました。

　我々もあえてホワイトボードや模造紙を使った仕事や量、課題の見える化をお客様におすすめすることがありますが、伝統的な大企業の職場では「いや、うちはそういうの向かないんで」と、初めからチャレンジしない管理者の方が多い印象です。「一体何を管理し、改善するのか？」本質を理解できればおのずとツールのメリットがわかり、使えるはずです。一方で本質がわからない組織はいくらツールがデジタル化、高機能・高性能化しても使いこなすことはできないのです。

Step 5

改善を実行する

1

改善の壁と進めるポイント

■実行計画書を作成する

　前ステップまでで、改善具体策の検討の仕方をご説明しました。ここまで来たら、あとは実行に移すだけ……ですが、じつはこの実行のステップが非常に重要です。実際に、企画はできたものの、実行でつまずくケースが少なくありません。そのため、プロジェクトを成功させるためには、事務局やプロジェクトメンバー側の、実行を促すしかけが求められます。

　みなさんはここまでで、業務の見える化（Step2）を進め、改革・改善の基本方針を定め（Step3）、さらに、改善アイデアを検討（Step4）してきたはずですが、今度は、その改善アイデアを実行計画書として取りまとめます。この実行計画書については、事務局やプロジェクトメンバーで、「現状の問題点」や「改善内容」、大まかな「目標値」くらいまでは原案作成をしてもよいのですが、実行計画部分については、実際にテーマを担当する、テーマリーダー、メンバーに検討してもらいます。

　このような計画書を作る理由は、大きく3つあります。1つは、確実に実行するためにテーマのリーダーや担当者自らがこの先やるべきことを考えて整理をすることで、頭の整理がされて、実行性が高まるという点です。2つめは、改革策の実行途中で悩んだり、迷った際に計画書に立ち戻り、問題点や改善方向、目標値を再確認し、次善策を検討するよすがにできるという点です。3つめは、事務局で進捗管理する際の元の計画になるという点です。プロジェクトもStep4になると各部門で様々なテーマが検討、実行に移され、その内容理解や、予定の確認、進捗状況の確認をしていく必要が出てきます。その際の元情報になるのです。改革・改善テーマごとに目標値を設定してもらうことも重要です。この積み上げ効果がプロジェクト全体の目標値

図表 5-1 改善基本構想書の例

No	1	改善テーマ		勤怠管理業務の効率化		テーマリーダー	
改革方針	現状の問題点		・勤怠申請書（有給、特別休暇、半休申請等）と勤務実績の突合せ確認と出張時の勤務時間取り扱いミスがないかの確認に時間がかかっている。 ・また業務が月末に集中し、特定の人に残業が発生している。			鈴木	
	改善内容		・勤怠申請1件ごとに1枚の申請書を都度上長に提出するルールだったものを、担当1人につき1枚/月のフォームに修正し、バラバラにならないようにすることで本社での仕分け・個人別申請書の取りまとめ・保管の作業を容易にする。 ・毎月20日に一度各部署からスキャニングした申請書を共有フォルダに入れてもらい、先に15日分までの勤怠チェックを行うことで業務を平準化する。		削減目標	削減率	
					現状	40時間/月	▲25%
					改善後	30時間/月	

改善に向けた活動項目	推進担当	2015年		2016年		
		11月	12月	1月	2月	3月
①新申請書フォーマットの作成	佐藤	素案作成 → 部内承認				
②今後の運用ガイドの作成	田中	運用ガイド作成	部内承認			
③新申請フォーマットと今後の運用ガイド発信	田中		運用ガイド・フォーマット発信			
④運用	佐藤/田中		中締めファイル格納フォルダ準備	運用		
⑤効果検証	佐藤/田中			不具合有無・効果検証		

推進メンバー	推進上の留意点 ※改善策実施にあたって初期コスト・ランニングコストが別途発生する場合も本項目に記載
○○部 　○○G佐藤、○○G田中	・運用ガイド及びフォーマットをもとに各Gで運用開始前に説明の時間を作ってもらい、混乱のないようにする。

Step 5 改善を実行する

と整合している（もしくは安全率も含めて上回っている）ことが重要になります。

■反対意見の背景には何がある？

また、この実行計画書を作成する段階になってくると、個別の施策への反対意見や慎重意見も出てきます。人は誰しも「変えること」に慎重ですし、総論では賛成だったとしても自分の仕事に直接関わってくると、とたんにネガティブな反応を示すこともあるものです。

プロジェクトで検討した改革・改善案を実施し、成果を得るためには、これらのネガティブな反応を乗り越えていかなければなりません。
　反対意見の背景は様々ですが、いくつかの背景が推定されます。1つは、言っている人の価値観に基づくものです。以下のような4つの側面が想定されます。

①目標やプロジェクトの必要性に対する懐疑心からの反対
「プロジェクトで掲げる目標は自部門の目標とは合致していない」「うちの部門はうまくいっているのにそもそも変化なんて必要なのか？」というような自部門の利害との観点からの反発が想定されます。ここに向けて、先に述べたようにプロジェクトの必要性や目標の合理性について整理をしておく必要があります。

②個人的な感情からの反対
　これには様々なケースが想定されます。「自身の仕事を否定された感じがする」「プロジェクトに入れなかった。そこで決められたのが気に食わない」「唐突に言われても（という戸惑い）」などです。これらについては、変革の必要性や、個人を批判しているわけではなく、会社が生き残っていくために必要な改革であるという位置付けをきちんと説明することが求められます。また、Step1のプロジェクト全体計画で計画した部門への説明や落とし込みをきめ細かく実施することも必要になります。そのためには、事務局・プロジェクトメンバー側の本気度とプロジェクト目標への確信が求められます。

③手段の有効性への疑心や不理解
「この施策は過去にもやってうまくいっていない」「よく見ていないから理解できていない」というような手段（テーマ）の有効性への不満という背景もありえます。

④役割認識の不足や不安
「改革は必要だけど、変わるべきは自分以外」「変化に対応できるか不安だ」というような当事者意識の不足や、自身の能力への不安からの反発も想定されます。

③や④を防ぐためにも、直接のプロジェクトのメンバーではない部門のメンバーを巻き込んで、施策を検討することが重要です。施策検討の中で理解や必要性への理解を深めてもらい、変化への覚悟を持ってもらうように事務局やプロジェクトメンバーが後押しすることも重要です。

　もう１つは、体制やトップへの不信感です。

　トップや上司から上手に方針が降りていなかったり、人間的不信感から懐疑的になっているケースです。もちろんその個人の特性や会社への帰属意識の不足に端を発したものも含まれます。

図表 5-2 変化に抵抗する様々な壁への対応

壁の名称	内容や発言	対応策（知恵）
常識の壁	・そんな改善をしても変わらないよ ・うちは他の会社とは違うんだ ・以前にやったことがあるよ	・「達成したい」強い想い ・以前とどう変えたらよいかを、巻き込み一緒に考える ・他社との共有など、社外で同じ価値観を持てる人との交流（セカンド・コミュニティ）
周りが乗ってこない壁	・すごいね〜。頑張ってね ・うまくいったらコツを教えてね ・うまくいくといいね	・常に成果が出ている雰囲気作りが大切 ・活動成果の「測定」がポイント 　→状態変化（話す回数、笑う回数） 　→行動変化（前向き発言、本音発言率等） ・周囲へのメリット作り
ひとりでは乗り越えられない壁	・活動途中で問題発生 ・他部門の巻き込みがうまくいかない	・活動メンバーとの「想い」の共有化 ・みんなのスケジュールと役割の把握 ・壁の中身に精通している人を巻き込んだ活動にする ・意思決定者の巻き込みも重要
言いたい放題でまとまらない壁	・無責任な発言 ・本題に関係ない話題を長々と話す	・事前に推進会議、ステアリングコミッティのゴールを設定する ・ビジュアル議事録で発言をまとめる ・言いたいことをすべて言わせてファシリテーターが収れんさせる

これ以外にも、「人の言うことになんでも文句をつける人の壁」「やる気がないメンバーの壁」「改善結果への抵抗の壁」「前任者の壁、前例の壁」「上司の押印の壁」「予算の壁」「組織が動かない壁」などいろいろなものがあります。

これらについてもプロジェクトの全体計画の丁寧な発信も求められますが、最後にはその他メンバーの巻き込みによるやらざるを得ないような環境作りも含めて検討する必要があります。

　会社によっては、部門間の不信感があるために、改革が進まないこともあります。この原因は、お互いの状況を理解しないまま空中戦で戦っているために、不信感が増幅してしまっていることが多いものです。

　この解決のためには、現状分析（Step2参照）でお互いの部門の役割や実施項目をきちんと見えるようにして、共有した上で改善案を検討していくことです。

　下図のように、事務局やプロジェクトメンバーが知恵を絞って働きかけ、様々な壁を乗り越えてプロジェクトを推進していきます。

図表 5-3　制約条件への対応のポイント

①「制約条件は何か」を明らかにする

・自分の中で気になっていること、難しいと思っていることを口に出してみると自分にとって何が制約になっているかが認識できる。

②本当に制約条件なのかを吟味する

・①で認識した制約条件は、本当に制約なのだろうか
　・自分で「制約事項だ」と思い込んでいないか?
　・「こうあるべきだ」と決め付けていないか?
　・あなた（われわれ）は本当は一体どうしたいのか?
について考えてみる。

③制約条件を解除する方法を考える

・視点を変えて制約条件や改善案を見る。
・制約条件を肯定した上で改善できないか、考えてみる。

2

全社を巻き込むポイント

■プロジェクトをうまく進めるためのポイントとは

　業務改革・改善のプロジェクトをうまく進めるためのポイントは一体どこにあるのでしょうか？

　プロジェクトに成功した企業、失敗した企業それぞれにとった業務改善に関するアンケート（BPR※実態調査）にヒントがありそうです。なかでも、「プロジェクトを成功させるために実現できた項目」について回答を見てみると、明らかに差がついた項目があり、いくつかのポイントが浮かび上がってきます。

　1つめは、プロジェクトの必要性発信面です。「トップの強いリーダーシップの発揮」と、「事業戦略との関連付け」が成功企業と失敗企業での差があります。「プロジェクトの目的やゴールの明確化、関係者への継続した周知」についてはあまり差がありませんので、発信内容面で、目標や方向性が、きちんと事業戦略の方向性と合致できているかどうかが、説得性を高める上でのポイントと言えます。また、トップからの強い発信、働きかけによる、会社としての本気度の発信です。これらを意識したプロジェクトとしての働きかけが全社でプロジェクトを進めていく上でのポイントです。

　もう1つは、実行を意識した施策選定です。「実行可能な企画および実行部門への落とし込み」「短期成果と長期成果を区分した段階的な成果出し」の2点についても差が大きい部分です。ここからも、改革テーマの選定に際しても配慮が必要なことがわかります。実行性を意識した改革テーマを取り混ぜ、早期の成果出し（クイックヒットテーマ）を意識することも必要になります。また、中期的に取り組むべき大きな改革テーマも設定し、中長期的に取り組むべき内容を洗い出しておくことも重要なポイントです。

※BRP：ビジネスプロセスリエンジニアリングの略。14頁参照。

Step 5 改善を実行する

このようなしかけをあらかじめ想定して、テーマ選定や実行策の優先順位付けを検討しておくことの有効性がご理解いただけるでしょう。
　また、この結果から見えるもう1つのポイントは、「社内の異なる意見の調整」の差です。これは先に述べた「改善の壁と進めるポイント」と重なります。特に部門間の調整は、各部門では利害が対立することもありますので、第三者的な事務局やプロジェクトの立場からの大所・高所に立った目線からの調整業務が重要な点が伺われます。
　もちろん事務局部門やプロジェクトだけでは解決しにくい問題も出てくることも想定されますので、体制設定時のプロジェクトオーナーやステアリングコミッティの主要メンバーに、プロジェクトの方向性に理解を示してくれる人、さらには社内でも他部門へ影響を働かせることができる人に加わってもらうような体制面での配慮も重要です。

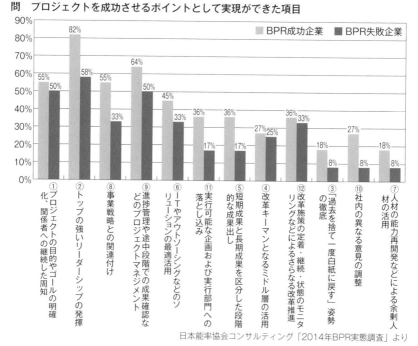

図表5-4　プロジェクトを成功させるために実現できた項目
問　プロジェクトを成功させるポイントとして実現ができた項目

日本能率協会コンサルティング「2014年BPR実態調査」より

一方で、失敗例から学ぶことも重要です。先ほどと同様に業務改革プロジェクトがうまくいった企業とうまくいかなかった企業における、プロジェクトを振り返っての反省点を見てみましょう。

　こちらのデータからも、トップや方針の設定の重要性、実践への配慮、体制面の考慮など、今まで述べてきたことがポイントだとわかるでしょう。

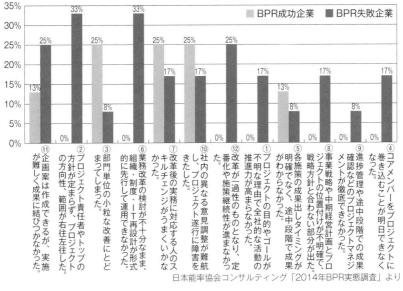

図表 5-5　業務改革プロジェクトの反省点
問　プロジェクトを振り返っての反省すべき項目

日本能率協会コンサルティング「2014年BPR実態調査」より

　新たな視点としては、「業務改革の検討が不十分なまま、組織・制度・IT再設計が形式的に先行して運用できなかった」という点があります。業務改革・改善（問題解決と言ってもよいかもしれません）の最も重要なポイントは、現状を分析して、現状を見つめ、真の問題点を明確化させることです。真因が明確になればその裏返しが対策となり、解決力も高まるのです。あやふやな状態のまま思いついた改善案を実行することが、改革テーマの実現力を下げてしまうのです。特に組織の見直し、制度の変更、システム化検討などは、解決策が先に思いつきがちで、現実を見つめずに解決案ありきで検討

が進んでしまう傾向が高いので注意してください。

■全社を巻き込むための施策

　また、全社巻き込みにおいては、社内への適正な情報開示や巻き込みのイベントも求められます。

　まず、キックオフミーティングは、できるだけ設定しましょう。改革の必要性や背景、進め方について説明するのはもちろんのこと、改革の重要性や会社のやる気をトップ層から語ってもらうことで、理解を進めつつ、最初の巻き込みを行います。多くの人がやる気になっている前で、後ろ向きなことは言いにくいものなので、プロジェクトにネガティブそうだけれど影響力がある人にプロジェクトへの期待を語ってもらって、プロジェクト支援者の一員として巻き込んでしまうというような高等戦術もありえます。

　キックオフ後は、2、3カ月程度おきに、定期報告の機会を設けるとよいでしょう。例えば、業務分析が完了したタイミングで、現状の状況数値を確認して問題認識を共有し理解してもらい、次は、基本方向が固まったタイミングで、改革の方向性の説明をして理解を求めます。また、今後の実行段階での具体的検討で各部門に自分達の問題として取り組むということを強く発信し、心の準備を促します。

　実行計画書が出揃ったタイミングで改善テーマ発表会を行うことで、決意表明をしてもらうことも有効です。実行段階では、実施担当者にコミットしてもらうことで「やり遂げるぞ」という意識を持ってもらい、それをプロジェクトをあげて応援する関係作りも非常に大切です。また、自部門に関連しそうなテーマを理解してもらう機会としても有効です。

　実行段階では進捗共有会などで、うまく進んでいる部門に状況を共有してもらって、自部門でもやらなければという雰囲気作りをしかけたり、推進担当者に悩みを共有してもらい、アドバイスしあう機会を作ります。そうすることで、知識の共有や相互補完の機会となりますし、お互いにがんばらなければという雰囲気作りにも役立ちます。

　このように、定期的に情報を共有することで、プロジェクトへの認知度向上や理解促進ができます。キックオフをした後で情報開示をしないために、

「あのプロジェクトどうなったんだろうねぇ？ メンバーのA君は忙しそうだけど」などと、社内の皆にとって"他人事"になってしまわないようにしましょう。

■ 全社共通の管理ツールを整備する

また、スムーズに全社展開をするためには、共通の管理ツールを整備しておくことも重要です。

管理ツールとしては、改革の進め方・考え方を整理した「活動推進マニュアル」、スケジュール表や改善基本構想書などの「活動推進フォーマット」、見える進捗管理をするための「部門別進捗管理表」、成果進捗を見えるようにするための「成果管理パッケージ」などが挙げられます。これらの管理ツールを整備して提供することは、事務局の役割となります。

図表 5-6　全社マネジメントのためのツール

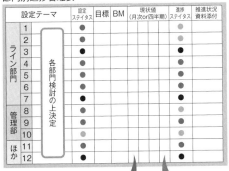
部門別進捗管理表

活動推進フォーマットなど
アクションプラン・施策展開一覧・年間カレンダー

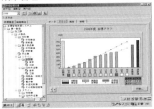
成果管理パッケージ

活動推進マニュアル

3

現場の意識を高める

■プロジェクトのマネジメント側に求められるポイント

　実行力を高めるために、現場に問題点を意識してもらい、主体的に動いてもらうためには、プロジェクトやマネジャー側の上手な働きかけ方も求められます。今まで述べてきたことも含め、プロジェクトの推進を働きかけるマネジメント側に求められるポイントを整理すると、以下のような点が挙げられます。

①見える管理

　改革活動に限りませんが、実態や状況が見えることで、活動の必要性や、変更の必要性が認識され、活動の心理的なきっかけになります。現場を見てもらい意識してもらうべき情報をビジュアル化し、実態を認識してもらうことは、推進側にとって必要なスキルとなります。

②参加・協調

　参画感が意欲を高める面があります。また、メンバーが協調して進めることで、推進の後押しにもなりますし、日常でのコミュニケーションのよさにもつながります。「誰と誰に一緒に活動してもらうことでよい化学反応が起こるだろう？」「彼の育成には、Aさんと一緒に動いてもらうのがよいだろう」などと、意図を持って働きかけをすることが必要です。

③数字での管理

　仕事に関わる話は、定量的なもので語ることがリアリティを高めます。また、進捗状況や成果指標の管理もなるべく定量的に行うことで、貢献度も見えやすくなります。「定量指標をどう設定するか」「定性指標をどう定量化し

て見せるのか」などを工夫する、計数化・指標化能力も求められます。

④先読み

プロジェクト目標が必達である場合、テーマアップした改革テーマの各目標の積み上げで目標達成ができそうか、追加テーマの検討が必要ないか、テーマ進捗の遅れが出ていないのか、などを確認し、成果見通しを定期的に確認し、必要に応じて改革テーマの積み増しなどを検討する必要があります。そのような動きをサポートするためのシミュレーションのしかけについても検討しておく必要があります。

⑤管理者の率先垂範

実行段階では、プロジェクトだけでなく、各部門のメンバーにも協力をあおぎ、活動してもらう必要があります。そのため部門の管理者にも、プロジェクト対応の時間作りや、活動策検討や推進へのアドバイスやフォローなど、活動の後押しをしてもらう必要があります。部門の管理者に率先してプロジェクトを後押ししてもらうように働きかける活動も、プロジェクトの推進には大切な仕事です。

図表 5-7　マネジメントに必要な要素

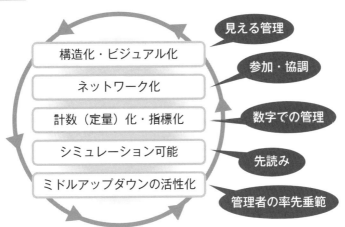

これらのポイントは、現場の意識レベルを変革していくために有効です。今まで述べてきたことを含め、現場の意識を高め、活動の実行性を高めるための業務改革活動前半、後半それぞれでの働きかけ例を以下に示しますので、参考にしてください。

図表 5-8 意識改革に有効なアクション例

業務改革前半（種まきフェーズ）	業務改革後半（刈取り側）
トップからの強い発信	改革案への参画意識を高める
現実（の悪さ）を直視する	トップが先頭に立つ
危機感を高める	成果・進捗を可視化する
新しい視点で眺める	成果を競い合わせ、評価、報償する
目先でなく全体的／構造的に発想する	部門を超えて協力する／巻き込む
自部門の利害を超えた視点で見る	ＣＦＴ（クロスファンクションチーム）作り
コミュニケーションを活性化する	セールスなど他部門の巻き込み
経営への参画意識を高める	調達先など社外機能の巻き込み
ビジョン・目標を共有する	
経営陣とラインがコミュニケーションを図る	

■改革・改善を組織に根付かせるために

　業務改革や改善を組織に根付かせるためには、業務改革が必要なもので、終わりがなく、定期的に見直す必要があるのだという意識を各メンバーに持ってもらうことが求められます。

　業務改革活動はトップダウンの活動になることが多いのですが、ボトムアップのしかけもプロジェクトの中に盛り込むことで、意識改革（チェンジマネジメント）の同時推進ができると非常に効果的です。

図表 5-9 意識改革(チェンジマネジメント)を進めるための活動

意識改革の方向性		具体的な施策例
方針 Policy	・業務改革方針の明確化 ・改革目標の設定 ・トップマネジメントによる強い変革の意思表示	・プロジェクトの主要メンバーによるトップインタビューの実施(イントラ・社内報等への掲載) ・プロジェクトメンバーとの共同作業により、方針ステートメントおよび目標の設定を実施
対話 Communication	・トップ、ミドル、ライン相互のコミュニケーション機会の設定 ・対話と意見交換を通じた方針および目標へのコミットメントの醸成	・ミドル層へのトップとの対話の場の設定 ・対象部門全従業員を対象とする、ホールミーティングの企画 ・社内広報の仕組みを活用した情報発信の企画支援
学習 Learning	・方針および目標を達成するための学習機会の提供 ・対象部門メンバーによる実践的な学びの場の設定	・業務改革勉強会の設定 ・ワイガヤミーティングの開催(従業員自身による、問題の構造化と深層原因の分析、対策立案など) ・アクションラーニングによる創発的「気づき」導出 ・対策実施の定期フォローアップ
動機付け Motivation	・方針および目標の達成に貢献に対する、個人またはチームへのメリット還元 ・動機付けの仕組み(経済インセンティブに限定しない)設計	・表彰制度の検討 ・褒める活動の推進など動機付け策の検討

Step 5 改善を実行する

4 マネジャーのあるべき姿とは

■コミュニケーションスキルの必要性が増している

　日常のマネジメント同様、プロジェクトの推進でもマネジャーの振る舞いが大きなポイントになります。

　マネジャーの役割やリーダーシップについては様々語られてきていますが、最近のリーダー像は、部下と関わりを持ち、部下を激励して支援する存在へとシフトしています。部下の好奇心や、やる気や意欲（モチベーション）を高めて変革を進める「変革型リーダーシップ」、説得力のあるビジョンで、共感と熱意を引き出す「ビジョナリー・リーダーシップ」など、ファシリテーションや交渉能力を期待されたチームリーダー的イメージが好まれる傾向にあります。このようなリーダーシップを発揮するためには、マネジャーがメンバーに対して、自らコンセプトを示し、コミュニケーションをすることが重要になります。具体的には、目標を示し、タイムリーに情報を伝達し、意欲を引き出し、成果をフィードバックすることです。

　現在のように、職場の人員構成や世代構成、価値観が多様化している環境下での部門内のマネジメント、他部門と連携してスピーディーに課題解決をしていく部門間のマネジメントのためにも、コミュニケーションスキルの必要性は増しています。

　コミュニケーションに留意することと併せて、「人を育てる」「知恵を出す」という点もマネジャーにとっての重要な仕事です。

　日常の仕事をきっちりと果たしていくことは大切ですが、それだけでは作業にとどまってしまいます。仕事にしていくためには、「新しいやり方・進め方を考えて、工夫すること」や「改善（問題解決）を進め、レベルを向上させること」が求められます。それこそがマネジャーが自らも考え、メンバ

図表 5-10 コミュニケーションのねらいと例

職場におけるコミュニケーション（情報伝達）のねらい

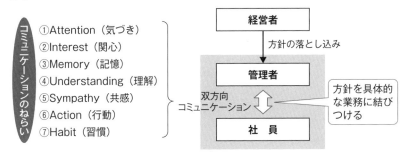

コミュニケーションのねらい
- ①Attention（気づき）
- ②Interest（関心）
- ③Memory（記憶）
- ④Understanding（理解）
- ⑤Sympathy（共感）
- ⑥Action（行動）
- ⑦Habit（習慣）

メンバーに対して望まれるコミュニケーションの例

メンバーに対して、
- 意見をよく聞く
- 安心して話しやすくなる態度や言動
- 部下に自ら考え、問題解決を促進する質問をする
- 成果をタイムリーにフィードバックする
- 受け取りやすい表現と内容で褒める
- やり方や強みを認める
- 能力や適性を引き出す努力をする
- コミュニケーションのための時間を取る
- 部下1人ひとりに違うアプローチを取る（コミュニケーションのタイプ別の対応）

ーにも考えさせるべき点です。この下地ができていると、改革活動もスムーズに進みます。

Column
助け合える職場を作る小さな工夫

　皆さんの会社はいざという時に助け合える会社でしょうか？

　私達が業務改革・改善をお手伝いしている多くの会社では、「私にしかできない仕事を一生懸命やっているのですが、仕事量が多くて」「隣の人が忙しそうなのは何をしているからなのかはよくわからない」という話を頻繁に耳にします。

　オフィスの職場は月末処理など納期仕事もありますので、なかなか時間がずらせない側面もあります。一方でどのタイミングでやってもよい仕事や教えさえすれば手伝ってもらえる仕事もあるのではないでしょうか。

　上手に助け合えている職場は、比較的簡単な仕事が標準化されています。「標準化されている」とは、手順が整理されマニュアル等ができていて、それを見れば他の人でもできるようになっているということです。比較的知識や経験を必要としない仕事から業務の標準化を進めましょう。

　また、あなたの職場では、仕掛り仕事の状況は見えるようになっているでしょうか？　仕事の一連の流れを簡単に整理をしておいて、どこまで終わっていて、どこからが未着手なのかをわかるように共有フォルダー等に格納しておけば、あなたが不在の時に誰かが一次対応できるようになります。

　このような小さな工夫を積み上げて、それを共有したり、時々勉強会と称して紹介し合うことで、いざという時に応援できたり、逆に応援してもらえる職場に近付いていきます。

Step 6

活動のモニタリングとアクション

1

推進状況を管理する

■実態を早くに共有するための基本方針を決めておく

　改善・改革テーマの検討段階・実行段階に移って関連するメンバーが増えてくると、進捗管理が重要になってきます。

　具体的にやるべきことが見えてくると、思った以上に工数がかかりそうだとわかったり、追加でやるべきことが見えてきたりすることもあります。そんな状況をいち早く確認・共有し、計画の見直しやリカバリーにつなげていくのです。

　事務局からの働きかけも重要ですが、実態を早くに共有してもらうための基本方針を設定しておくことも大切です。と言うのも、どうしても、計画に遅れが出ていることを言いたくないという意識が働いたり、何とかリカバリーできるので後で伝えようと希望的観測が入りがちだからです。したがって、素直な状況を定期的に確認できるような会議設定をしておきます。その中で、実績の確認と反省の共有、今後の計画に分けて共有・検討することが重要です。

　マイルストーンは、原則的に、後ずらしはなしで管理すべきですが、タスクについては、実績や状況変化に応じて、常に見直し続けるものだという意識を持って進捗管理をしましょう。そしてそれ以降の計画見直しでリカバリーをしていくためにも、早め早めの確認と対応が求められます。

　事務局サイドも、過去を責めるのではなく、「未来を一緒に最適化しましょう」というスタンスでいるとよいでしょう。

図表 6-1　進捗管理の基本ステップとミーティング

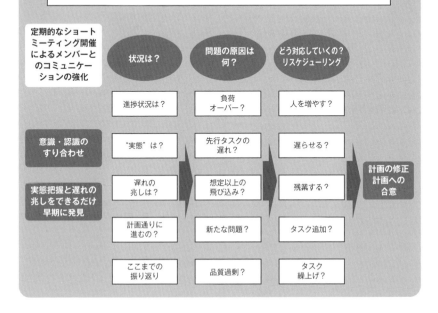

Step 6　活動のモニタリングとアクション

2

進捗が遅れた場合のアクション

■目標、納期を死守するためにどんな手を打つのか？

活動が遅れる場合には、リカバリー策の検討が求められます。プロジェク

図表 6-2　どんなアクションをとらなければいけないか

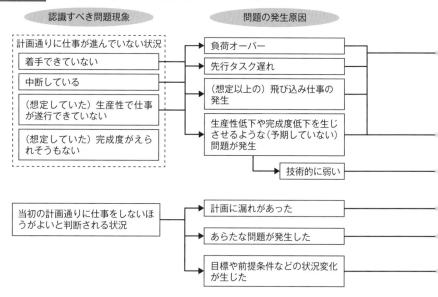

トの目標値やマイルストーン、プロジェクト納期については、原則死守が求められますから、そこに影響を変えないために、どんな手を打つべきか検討することになります。多くは、タスクの追加・修正や、改革テーマの追加を実施します。

追加・修正されたタスクや改革テーマを行うために、人手が不足する状況であれば、追加のリソース投入も検討します。その場合にはリソース提供部門との調整なども発生します。

それらの検討を重ねても、どうしても間に合わなかったり、効果が下がることが明確になったりした場合には、ステアリングコミッティに対して早めに状況報告を行い、指示を仰ぐことになります。

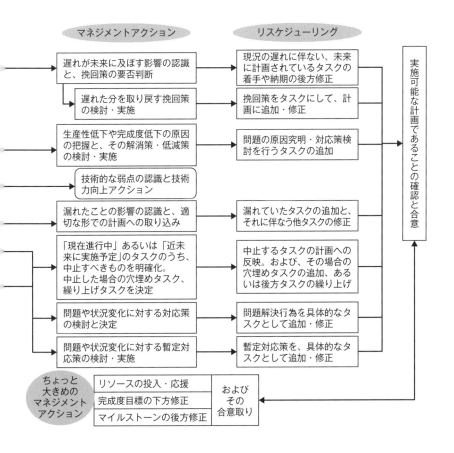

3

成果のモニタリング

■成果指標の構造

　プロジェクトの成果指標の設定は、もちろんプロジェクトの管理上も重要な意味を持ちますが、プロジェクト終了後も継続して管理できるため、非常に重要です。

　成果指標は業績に直結する目標の達成度合いを評価するためのKGI（Key Goal Indicator：重要目標達成指標）、KGIの目標を達成するプロセス・活動を評価するための指標としてのKPI（Key Performance Indicator：重要業績評価指標）、KPIにつながる活動を評価するための先行指標としてのPD（Performance Driver：先行指標）という構造になっています。

①KGI

　KGIは、売上拡大額や収益額、生産性や顧客満足度など業績評価に直結する指標です。例えば、売上金額、市場シェア、販管費、営業利益、1人あたり売上、1社（製品）あたり費用、納期遵守率などが想定され、プロジェクトの最終目標やプロジェクトの設置背景にある目標値となります。

②KPI

　KPIは、KGI項目の目標達成に直結するような指標項目を設定します。KGI項目を達成するために必要な算出根拠がわかるように展開するとよいでしょう。通常は改革・改善テーマの目標は、KPIとして設定されます。例えばKGIで間接コストが設定されている場合、間接人数や平均単価、その裏付けになる業務工数や要員構成比などが展開されます。KGIとKPIは比較的論理的に構造の分解ができますので、多くの場合、「KPIを○%向上させると

KGIの向上に△％貢献できる」といった具合に関連付けられます。

KPIを２段階程度で階層化（親子指標化）することで分かりやすくなる場合もあります。KPIが設定されると、「業務別の業務工数削減目標」という形でテーマと紐付けをされることになります。

③PD

パフォーマンスドライバー（PD）は、KPIにつながるような行動を展開するものです。こういう活動をするとKPIの向上につながるという先行指標とも言えます。新商品発売件数増というKPIに対し、1人あたりの企画書本数、（企画書作成のための）勉強会回数、企画書レベル評価平均点などの指標をおいて、その指標を向上させる活動をすることで企画数の伸びにつながるはずだというような行動指標を展開します。KPIとPDには関連付けは必要ですが、KPIとの厳密な数値的な関連付けまでは難しい場合が多いので、PDがこのくらい上がればKPIに貢献できるだろうという程度に目標設定をします。これらも改革テーマと紐付けされます。定性指標と言われる指標はPDに該当するものが中心です。

KGIとKPIは、きちんと体系だっていなくても、多くの会社で展開されているでしょう。PDまでの展開はしていないか、していても重要なKPIのみ展開しているケースが多いはずです。

プロジェクト活動の企画段階でKPIまではきちんと整理しておいて、改善・改革テーマ検討時に目標指標と目標値を設定してもらうことで、プロジェクト目標とテーマ目標が関連付けられることになります。各改革・改善テーマの計画書（改善基本構想書）ではスケジュールも記載されますので、そのテーマの完了予定月と目標工数を積み上げていくことで、全体の目標値に対する成果発現の予定が見えるようになります（266頁、図表6-3の右下）。

テーマ進捗の管理と併せて、成果見通しの管理も重要なアクションになります。

図表 6-3　KPI、PDの展開例

①例1

KPI	PD
市場品質レベルアップ（CS）	
├ 製造品質レベル	
│　└ クレーム件数	├ 新規クレーム件数
│	├ 再発クレーム件数
│	└ 不良率 ─ 品質コスト ─ ロスコスト ─ 社外クレーム対応／無償修理対応／手直し費用／…
│	└ 評価コスト ─ 検査／信頼性試験
│	└ 予防コスト ─ 品質計画／…
├ 施工品質レベル	
│　└ クレーム件数	
└ アフターサービスレベル	├ 材料・部品不良率
└ アフターサービスCS満足度	├ 製造不良低減率
	└ 物流不良低減率

②例2

KPI	PD
事業企画力向上	
├ 新商品売上高・利益率	
│　├ 上市新商品数	├ 当期推進企画件数 ─ 1人当たり企画件数
│　│	└ 推進リードタイム ─ 計画納期達成率／LT短縮度
│　├ 目標売価実現率	├ 企画売価達成率
│　│	└ 目標原価達成率
│　├ 目標数量達成率	├ 要求仕様達成率
│　│	└ チャネル開発力
│　└ 新商品企画件数	├ 提案総数 ─ 一人当たり提案件数
	└ 企画実現率

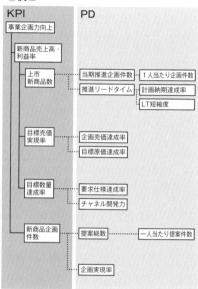

②例3

KPI	PD
営業人員1人当たり獲得利益	
├ 売上高	
│　├ 獲得案件数	
│　│　├ 商談勝率	├ 提案書品質レベル ─ 提案書作成スピード
│　│　├ 商談参加率	├ 顧客開発計画入手数 ─ トップセールス実施数
│　│　└ 顕在化案件数	├ 総コンタクト件数
│	└ 定期コンタクトキーマン数
│　└ 営業人員数	
└ 売上販管費率	

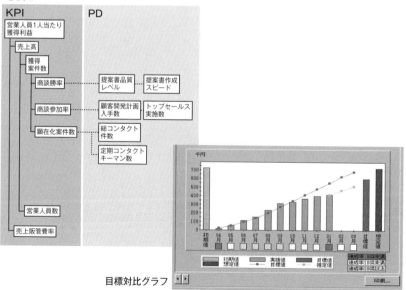

目標対比グラフ

■設定した管理指標をすべて管理できるか、すべきなのか？

　一方で、きちんと検討し始めると、あれも、これもあった方がよいとなって、KPIの項目だけでもそれなりの項目数になります。さらにPDまで検討すると、相当な管理指標数が設定されることになります。それらをすべて実績管理ができるのか、すべきなのかが、次の観点になります。

　自動車の場合で考えてみるとわかりやすいでしょう。スピードメーターはどの車にもありますが、タコメーター（回転速度計）や油温計、油量計などは付いている車と付いていない車があります。車への知識が増えてくると必要になる計器も、知識の少ない人には余計な情報になってしまうのです。航空機に多くの計器が付いているのは、操縦に必要な情報が多いからでもありますが、その確認のための知識も訓練で身についているからなのです。

　従来、まったく管理指標もなく、実績もとっていなかった会社でいきなり詳細の管理指標を管理していくとなると、管理の仕方の検討や見方の教育なども必要になります。また、現場で実績を把握することへの負担感が大きくなることも想定されます。まずは、見る側が把握しきれるレベル、量の計器（管理指標）を設定しましょう。

図表 6-4　指標が多すぎると…

過去の自社の指標管理やデータ取得の状況や、事務局や管理部門の体制などを考慮して、現実的なレベルから設定をして管理を行い、徐々にレベルアップをしていく前提で管理指標の検討をしていきましょう。

図表 6-5 成果管理のレベル

管理負荷	管理要件
高	● KGI・KPIの他に行動を管理するPDが設定されており、予実が管理される ● 差異発生項目に対してのアクション指示が行われる ● 前月以前に立てられた「達成のための対策」のフォローアップが行われ、その有効性が評価されている
中	● 重点管理項目によってはPDが設定されている ● 計画と実績の乖離が発生（○％以上等でOK）した場合、その原因が捉えられている ● 重点項目に対し、記載されているリカバリアクション項目に対する評価とアクション指示が行われる
小	● KGI・重点KPIが販社共通の管理項目として設定されている（計画・実績、管理サイクル、標準管理帳票） ● 予実が発生している項目に対してのリカバリアクションが記載されている。予実の確認は行うが、アクションについては、部門に任せる

■管理のサイクルとその設定

　最後は、管理のサイクルや方法の設定です。指標項目ごとに、管理サイクル、集計単位、比較対象、予測対象、予測値対比対象を設定しておきます。「管理サイクル」は、どのタイミングで集計をするかを決めたものです。どういったタイミングでデータを見て、対策を打っていきたいのか、どのタイミングでデータが集計できるのかという観点で設定します。

　「集計単位」は、管理サイクル単位の集計だけを見ればよいのか、累積されたデータでも確認すべきかどうかという観点です。

「対比対象」は、収集した実績データを何と比較をして状況の変化を把握するのかという観点です。

実績データだけでなく、先の見通しまでを見ていく場合には、どの程度先までを予測するのか「予測対象」の期間と、比較するのは過去実績対比か、予算との対比か、目標との対比かという「予測値対比対象」を設定する必要があります。売上や利益など業績値に関連する指標は予測まで見据える必要があるかもしれません。

各指標項目は、どの組織単位で集計するのかも検討しておくとよいでしょう。

図表 6-6　管理指標の管理方法

管理サイクル	定義
日次	日あたりの合計。日次サイクルで管理
週次	週あたりの合計。週次サイクルで管理
月次	月あたりの合計。月次サイクルで管理
四半期	四半期あたりの合計。四半期サイクルで管理
半期	半期あたりの合計。半期サイクルで管理
通期	通期あたりの合計。通期サイクルで管理

集計単位	定義
バケット単独	管理サイクルで設定された期間の合計
累積	管理サイクルで設定された期間の累積合計

対比対象	定義
予算／目標	対象KGI・KPIの予算値または、目標値
前バケット	管理サイクルで設定されたバケットの前回実績値
前年同期間	管理サイクルで設定されたバケットの前年同時期の実績値

自立的な改革・改善を進められる組織にするために

■改革・改善活動を「１回限り」にしないための３つの仕組み

　プロジェクトで進めたときにはある程度うまくいったものの、一過性に終わってしまい、しばらくすると、また元に戻ってしまった……。業務改革・改善活動について、そんな失敗体験を持つ人、会社は決して少なくないことでしょう。

　改革活動を「１回限り」ではなく、持続的成長のための継続的な活動とするためには、「継続を促進する仕組み」と「人を動機付ける仕組み」が必要です。そのためには、以下の３つが必要になります。

①成果のモニタリング

　管理すべき管理指標を定めたら、定点チェックをしていくことが必要です。

　設定した管理指標は、最低月次では現場部門が把握し、数値の状況を確認し、アクションを取っていくことを習慣付けましょう。そのためには、指標の意味合いと見方について教育することも必要です。

　また、四半期ごとにトップによる成果レビューの機会を設定し、アクションへのてこ入れを要請するなど、全社として管理していくことも求められます。それにより、数値で管理をする組織風土が醸成されてきます。

　状況を定期的に確認することで、改革継続への誘引となります。

②改革スタッフの育成

　改革活動を継続的に実施していくためには、業務改革のスキルを持った人材が組織にいることが求められます。業務改革のプロジェクト活動を通じて、

事務局部門やプロジェクトのメンバーには業務改革のスキルを身につけてもらいます。そしてこのメンバーには、その後もそのスキルを存分に活かしていってもらう必要があります。

　プロジェクト終了後にも各部門の中で新たな問題が生じていないのか、それを解決するにはどうするかという観点で業務を見るミッションを与えておくことが重要です。また、中核メンバー以外にも基本的な知識として業務改革・改善のスキル研修（業務の見える化研修など）を行い、最低限の知識を持った人を増やしていくことも大切です。中核メンバーと一緒に改善・改革活動を担ってもらえるようになります。

　また社内の他部門で行っている改革・改善活動の報告会にはオブザーブで参加してもらうなど、刺激や知識を得る機会を設けることも、スキルの向上や改革意欲の向上につながります。

③基幹制度への組み込み

　管理指標の維持・向上を組織の目標とすることもポイントです。プロジェクトの間は一生懸命管理指標を見ていたのに、終わったとたんに見なくなり、いつの間にか実績も取らなくなった……。そうならないようにすることもポイントです。

　管理指標は時代の移り変わりによって多少の入れ替えはあったとしても、部門経営に必要な指標ですから、部門のKPIとして維持し、部門長にその達成責任があると明確に位置付けます。さらに年度の改革目標を個人の目標管理制度の目標値とも関連付けながら、部門メンバーに指標を意識させることも有効です。業務の確実な推進への評価はもちろんですが、業務改革・改善を試みたというプロセスの評価、結果指標としての部門KPIの目標達成への貢献という観点で評価をし、昇進や昇格につながっていくような運用ができると、業務改革・改善の必要性が個々人にも認識されるようになります。

図表 6-7 自立的な改善・改革実行の仕組み

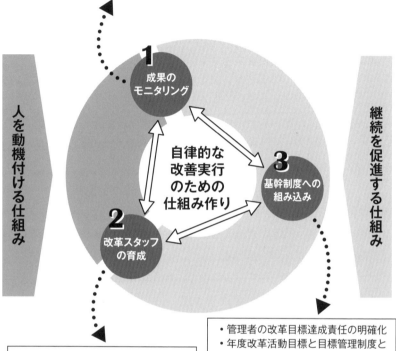

5 組織的に業務改革を継続させる5つのメカニズム

■環境変化に応じて変化し続けるために

　前項で紹介した3点の要素(成果のモニタリング、改革スタッフの育成、基幹制度の取り組み)は現場レベルでの改革活動の継続化には必須な事項です。しかし、企業や事業の環境は日々変化をしていきます。環境変化に応じて変化し続けるためには、もう一工夫が必要になります。

　改革活動を継続させる組織作りに必要な要素は5つあります。それがBICYCLEモデル(Business Improvement Cycleモデル)です。

図表 6-8 改革活動を継続させるメカニズム(BICYCLEモデル)
● 「二輪車」モデル= "Business Improvement Cycle : Bicycle Model"

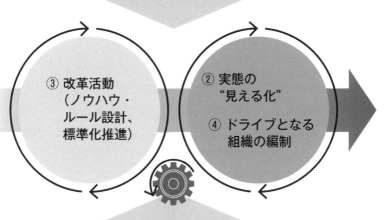

行き先を定める操縦装置と言える「明確で強い改革目標」、両輪になる「実態の見える化」と「改革活動」、それを推進する動力源となる「改革推進組織」、そして「チェンジマネジメント」によって高い改革意識を持った運転者により、こぎ続けられる、走り続ける自転車をイメージしています。
　これらの構成要素を業務改革活動を通して意識し、弱いところを強化しつつ具備することで、"止まらない"改革型組織が実現するのです。

　④以外の各構成要素については、今までの中でほとんど述べています。
　①明確で強い改革目標　　⇒Step1 プロジェクトの目標を設定する 参照
　②実態の見える化　　　　⇒Step2 参照
　③改革活動　　　　　　　⇒Step3～5 参照
　⑤チェンジマネジメント　⇒Step5「3　現場の意識を高める」（252頁）
　　　　　　　　　　　　　　参照

■改善・改革を終えた後の組織編制

　ここでは、④の「ドライブとなる組織の編制」について説明します。大きな業務改革活動を終えた事務局やコアとなっていたプロジェクトメンバーには、かなりの改革ノウハウが身についています。もちろん各部門の中核メンバーを選抜してきて編制しているので、元々意欲や業務スキルも高いでしょう。プロジェクトが完了したので、新たな職場で別の挑戦をしてもらうことも求められますが、そのうちの何人かを改革専門組織として定常組織化する方法です。
　この組織の役割としては、いくつかの役割が想定されます。
　①管理指標の維持・向上に向けた活動企画・推進支援
　②他の事業部門やグループ会社への業務改革活動の横展開・活動推進支援
　③改善ノウハウ蓄積・維持継続（ツール作成・活用促進・メンテナンス）
　④改革スキルの教育推進
　⑤環境変化を見つめ、新たな改革が求められていると判断した場合のプロ
　　ジェクト編制の企画・提言

図表 6-9 改革推進組織の編制イメージ

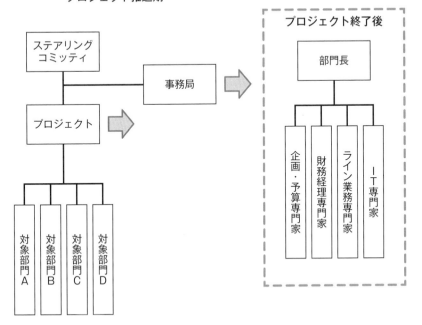

　上記のように社内の改革の旗振り・支援役として、社内への改革スキル伝承役として位置付けます。

　改革企画推進部門を常設している企業はそれほど多くはありませんが、金融機関や自動車メーカーなどいくつかの企業では設置をしています。せっかく身につけた改革スキルを維持・向上させ続けるために、ぜひ設置を検討してみてください。

―――――――――| あとがき |―――――――――

　我々へのご相談の内容を見ていると、世の中の企業の業務改革への対応状況が多様化している様子が見えてきます。
・自社での推進能力が身についていて、自力推進が基本だが、従来手をつけていないような大きな改革のために外部の支援を借りようとする企業
・一通りの業務改革の知識やスキルはあるが、部門展開段階で説得をしきれずに外部の支援を借りようとする企業
・以前には業務改革活動をしたが、いつの間にか元通りになってしまい、社内に推進スキルを持った人もいなくなってしまっていて、外部の支援を借りようとする企業
・新興で、経営者や中途採用者の力を借りて自力でいろいろと活動してきたが、スピードや工数面で外部の支援を借りようとする企業
　など。

　社内のみでの展開は推進力が働きにくいため、経営トップの推進力を借りないとなかなか難しいのが実態だと思います。だからこそ、活動の企画段階が重要になりますし、業務改革活動を一過性のお祭りに終わらせないためには、活動の当初から活動終了後の体制までを見据えたグランドデザインを持って活動に取り組むことが重要です。
　活動成果を組織に残すためには、基準やルール設定など業務のルールに落とし込むことを意識することが重要ですし、推進のノウハウを持った人に継続的に改革・改善機会を与え、そこに後任人材を付けることで、組織的な知として継続活用が可能な状況を意図して作ることも重要です。
　スピードを買う、推進力を買う目的での外部の活用も考慮に値するでしょう。しかし、自社としての推進したい方向性や意図を強く持たないと、せっかくの機会も充分に活用しきれない場合もあります。外部委託を想定する時には、社内にノウハウをしっかり残すために、主要な人材をプロジェクトに巻き込んで、ノウハウ吸収も目的として取り組むことをおすすめします。
　業務改革活動は難しい局面も多い大変な仕事ですが、皆さんの会社にとっ

てはとても重要な取り組みです。ぜひ、次世代の本社・オフィス職場体制を作り上げるために必要な改革であるという熱意と高い理想を持って活動に取り組んでいただきたいと思います。

　本書がその一助になれば、執筆者一同大変な喜びです。

　　　　　　　　　　　　JMAC　日本能率協会コンサルティング
　　　　　　　　　　　　　　大谷羊平・田中良憲・梅田修二

【執筆者プロフィール】

大谷　羊平（おおたに　ようへい）
（株）日本能率協会コンサルティング
業務改革、働き方改革、情報システム構築の支援を統括する
経営コンサルティング事業本部 本部長 シニアコンサルタント
各種製造業をはじめ、金融、商社、エネルギー、シェアードサービスなど幅広い業界の改革活動を支援している。おもなテーマは、収益改革、原価制度構築など、金額成果を意識した業務プロセス改革・業務改善及び情報システム導入支援。近年は、CSRやガバナンス強化、内部統制強化、コンプライアンス、事業継続計画など、CSR領域に関するコンサルティングについても展開中。
著書：『実践リエンジニアリング』共訳　日本能率協会マネジメントセンター
　　　『使える！活かせる！マニュアルのつくり方』共著　同上
　　　『オフィスの業務改善がすぐできる本』共著　同上

田中　良憲（たなか　よしのり）
（株）日本能率協会コンサルティング
働き方改革センターセンター長　シニアコンサルタント
大手ノンバンクを経てJMACに入社。入社以来、組織機構改革、業務プロセス改革、アウトソーシング、情報システム導入、ワークスタイル改革による生産性向上、サービスレベル・品質向上テーマを専門領域として活動。総務・人事・経理、経営企画などのコーポレートスタッフ部門を対象にした業務改革、シェアードサービス化の支援経験も多い。2010年以降は働き方見直しによるワーク・ライフバランス、女性活躍推進・ダイバーシティ実現支援にも取り組む。

梅田　修二（うめだ　しゅうじ）
（株）日本能率協会コンサルティング
ビジネスプロセスデザインセンターセンター長　チーフコンサルタント
システムインテグレータでのシステム開発、プロジェクト管理の経験を経て、JMACに入社。JMAC入社後は、オフィスワークの生産性向上（業務の効率化、業務品質の向上）を専門領域とし、本社管理部門にとどまらず、ネット企業、金融、不動産、シェアードサービスなど幅広い対象を支援している。おもなテーマは、業務プロセス改善、働き方改革、マニュアル作成・活用、情報システム導入支援。近年はワークライフバランスコンサルタントとして、働き方改革・ダイバーシティ推進に関するコンサルティングについても展開中。

【著者プロフィール】

日本能率協会コンサルティング（JMAC）

経営戦略、研究開発、生産、営業、物流、人事、システムなどの革新パートナーとして70年以上の歴史をもつ日本を代表する総合コンサルティングファーム。「現場主義」「成果主義」に代表されるJMACのコンサルティングスタイルは、日本のみならず海外のクライアントからも高く支持されており、特に一人ひとりのコンサルタントによる顧客現場での革新実践力には定評がある。

6ステップで職場が変わる！
業務改善ハンドブック

2016年7月30日　　初版第1刷発行
2022年7月25日　　第8刷発行

著　者──株式会社日本能率協会コンサルティング
　　　　　　©2016 JMA Consultants Inc.
発行者──張　士洛
発行所──日本能率協会マネジメントセンター
〒103-6009　東京都中央区日本橋2-7-1 東京日本橋タワー
TEL　03 (6362) 4339 (編集) ／03 (6362) 4558 (販売)
FAX　03 (3272) 8128 (編集) ／03 (3272) 8127 (販売)
https://www.jmam.co.jp/

装　丁──遠藤陽一
本文DTP──株式会社明昌堂
印刷所──広研印刷株式会社
製本所──ナショナル製本協同組合

本書の内容の一部または全部を無断で複写複製（コピー）することは、法律で認められた場合を除き、著作者および出版者の権利の侵害となりますので、あらかじめ小社あて許諾を求めてください。

ISBN 978-4-8207-5928-7　C2034
落丁・乱丁はおとりかえします。
PRINTED IN JAPAN

JMAM 既刊図書

はじめの1冊！
オフィスの業務改善がすぐできる本

(株)日本能率協会コンサルティング［著］

●四六判208頁

オフィス業務の生産性を"大きな投資を伴わずに"大きく向上させる、実践改善手法とノウハウ集です。業務改善は難しく考える必要はなく、業務の「やりにくいところ」、「不満なところ」をどんどん改善していけばよいだけです。本書はそのための改善ポイントの見つけ方、改善案の考え方、実践ノウハウまでを、実務担当者の視点で完全見開き図解で紹介します。

オフィスの業務改善100の法則
ミスをなくし、仕事を見える化する方法

松井順一［著］
佐久間陽子［著］

●四六判224頁

オフィスの業務改善では、「この仕事の価値は何であるのか」「自分の役割は何であるのか」について手段を考えていくことが基本です。仕事にやるべき価値があるかどうかは、いったんその仕事をやめてみて問題がなければ、「ムダ」な仕事になります。本書は、仕事のムダを取る考え方を示し、生産性が高まるためのオフィスワークの改善ツールを100個、図解で紹介します。

外資系コンサルが実践する
資料作成の基本

吉澤準特［著］

●A5判280頁

ビジネスのあらゆる場面で必要になる「資料作成」のスキル。本書は、資料作成のプロでもある外資系コンサルタントが日々実践している、無駄なく、完成度の高い資料を作成するための王道のスキル、テクニックを網羅的に70項目にまとめました。「あたりまえ」だけどなかなか実践できない大切な基本スキルやテクニックを、作成ステップごとに図解を交えて説明します。

日本能率協会マネジメントセンター